용서에 대하여

용서의 가능성과 불가능성

용서에 대하여

용서의 가능성과 불가능성

©강남순, 2017

초판 1쇄 펴낸날 2017년 1월 5일
초판 8쇄 펴낸날 2024년 2월 26일

지은이 강남순
펴낸이 이건복
펴낸곳 도서출판 동녘

편집 이지원 김혜윤 홍주은
디자인 김태호
마케팅 임세현
관리 서숙희 이주원

등록 제311-1980-01호 1980년 3월 25일
주소 (10881) 경기도 파주시 회동길 77-26
전화 영업 031-955-3000 편집 031-955-3005 **전송** 031-955-3009
홈페이지 www.dongnyok.com **전자우편** editor@dongnyok.com
페이스북·인스타그램 @dongnyokpub

ISBN 978-89-7297-858-9 03100

용서에 대하여
On Forgiveness

강남순

지음

용 서 의

가 능 성 과

불 가 능 성

동녘

사람들은 글을 쓸 때 자신의 자리를 어떻게 규정하는가에 따라서 글쓰기의 어투나 방식을 달리한다. 우리 모두는 사적 공간 또는 공적 공간에서 다양한 역할을 하며 살아간다. 가령 사적 공간에서는 어버지·어머니·아들·딸·사위·며느리 등의 역할을 하고, 공적 공간에서는 직업과 직위에 따라 다양한 역할을 한다. 따라서 글을 쓰는 '나'의 출발점이 어디인가에 따라 글쓰기의 어투, 개념, 전개 방식 등이 달라진다. 이처럼 글쓰기에서는 언제나 '저자의 자기 규정'이 중요하다.

용서에 관한 이 책은, 이전에 대학교수 또는 학자로서 자기 규정하고 썼던 대부분의 책들과는 매우 다르다. 이 책을 쓰는 과정에서 마주한 무수한 물음은, 학자·교수·이론가라는 내 공적 직책 너머, 한 '인간'으로서 크고 작은 문제를 대화하고 씨름하는 공간에서 나왔다. 대화에는 언제나 대화 상대자가 필요하다. 그 상대자는 때로는 나 자신이기도 하고, 때로는 가까운 타자이기도 하며, 때로는 먼 타자이기도 하다. 나는 이 책을 '학자로서의 학술적 이론서'라기보다 '한 인간으로서의 대화서'라는 의미로 집필했다. 개인적으로 '대중서'라는 표현을 별로 좋아하지 않는다. '학술서적'과 '대중 서적'이라는 분류 방식은 자칫하면 '대중'을 동일한 사유 방식과 동일한 욕구를 지닌 '동질성의 집합체'로 규정할 위험이 있기 때문이다. 그래서 나는 '대중서'라는 표현이 지닌 한계를 넘어서기 위한 대안으로 '대화서'라는 표현을 사용한다. 저자인 '나'가 어떤 특정한 이론을 '대중'에게 소개한다기보다는 이 책을 읽을 독자들이 나와 같은 '동료 인간'이라는 전제를 가지고 그들과 대화를 나눈다는 의미다.

인간의 다양한 관계에서 '대화'라는 말이 성립하려면 대화를 나누는 사람들 사이에 어떤 종류의 '위계'도 있어서는 안 된다. 즉 특정한 사람만이 언제나 대화의 결론을 내리는 위치에 있다면 그러한 의사소통은 이미 '대화'라고 부를 수 없다. 따라서 이 책을 '대화서'라고 명명하는 것은 내가 저자라고 해서 결코 용서라는 대단원의 결론을 내리는 위치에 있지 않다는 것을 의미한다. 용서에 대한 특정한 결론이나 해답이 가능하다면 그것은 언제나 잠정적이고, 정황적이며, 부분적일 뿐이다. 이 세 가지 요소는 어떠한 주제에 대한 결론이나 해답도 반드시 지녀야 할 중요한 요소다. 이것이 바로 내가 용서를 다룬 이 대화서의 우선적 저자일지라도 용서에 대한 최종 결론을 내릴 수 없는, 또 내려서는 안 되는 이유다.

책을 시작하며

특히 용서라는 주제는 언제나 특정 정황과 연결해서 생각해야 한다. 따라서 세상 어느 누구도 용서와 관련해 모든 정황에 적용 되는 '절대적 해답'을 제시할 수는 없다. 나는 다만 자명해 보이는 용서라는 개념, 도처에서 상투적으로 들려오는 용서라는 개념과 행위가 사실은 전혀 자명하지 않다는 인식을 함께 나누려는 시도를 할 뿐이다. 용서가 흔해빠진 상투적 개념이라는 이유로 그 복합적이고 심오한 차원을 이해하고자 하는 우리의 지속적 과제까지 상투화한다면 참으로 위험하다.

따라서 나는 책을 읽는 이들이 용서에 대한 '해답'을 구할 것이 아니라, 저마다의 정황에서 용서에 대한 새로운 '물음'을 갖게 되기를 바란다. 이러한 의미에서 볼 때 '좋은 물음'이야말로 용서에서 가장 중요한 첫 단계라고 생각한다. '좋은' 물음은, 질문받는 사람이 이전에 생각해보지 않은 문제에 대한 생각을 이끌어낸다. 따라서 '예/아니요'라는 답만을 전제하는 물음은 '나쁜' 물음이다. 성 아우구스티누스St. Augustine는 "나는 신을 사랑하는가?"라는 물음을 "내가 나의 신을 사랑할 때, 나는 무엇을 사랑하는가?"라는 물음으로 전이한다. 전자가 '나쁜' 물음이라면 후자는 '좋은' 물음이다. "나는 신을 사랑하는가?"라는 물음은 '예/아니요'라는 답만을 전제함으로써 질문받은 사람들이 더욱 근원적이고 중요한 사항을 생각할 수 없도록 만든다. 그런데 "내가 나의 신을 사랑할 때, 나는 무엇을 사랑하는가?"라는 물음은 내가 사랑하는 '신'

은 어떤 신이며 '사랑한다'는 것의 의미가 무엇인가 등 새롭게 더욱 중요한 물음이 나오게 만든다.

그런 맥락에서 용서에 관한 '좋은' 물음은 왜곡된 용서나 용서의 남용을 최소화하게 하며, 새로운 사유의 세계로 인도하는 초청장이라 할 수 있다. 이러한 '좋은 물음'을 묻는 법을 배우고 치열하게 그 물음을 던짐으로써, 한 개인이나 사회는 '냉소적 방관자'가 아닌 '비판적 개입자' 역할을 하게 되며 삶에서 자신을 더욱 새로운 변화의 주체로 만들어나갈 것이다. 따라서 내가 말하는 '좋은 물음'이란 냉소적 물음이 아닌, 비판적이고 성찰적인 물음이다. 비판적 물음은 우리를 용서의 상투성에서 끄집어내어 용서의 복합성과 필요성, 다층적 딜레마들과 마주하게 함으로써 진정한 의미에서 용서의 세계에 한 걸음 들여놓게 한다.

'냉소'와 '비판' 사이에는 매우 미묘한, 그러나 참으로 중요한 경계가 있다. '냉소'는 구체적 정황을 고려하지 않고, 개입을 거부하며, 개입하고자 하는 행위 자체에 부정적 시선을 던진다. 그 같은 부정적 시선으로 어떤 변화의 가능성도 배제하면서 전적인 방관자로 존재하는 것을 정당화한다. 이와는 반대로 '비판'은 특정한 행위가 지닌 문제와 한계, 위험성을 지적하고 밝혀내면서 인내심 있게 개입하는 존재 방식을 택한다. 그런데 이 같은 창조적 비판성은 저절로 생겨나지 않는다. 이를 위해서는 불완전한 세계에 대한 애정, 변화된 세계를 만들고자 적극적으로 개입하려는 의지와 열정이 있어야 하며, 이 세계를 다층적으로 이해하고 분석하게 해주는 다양한 이론에 대한 학습과 고민이 필요하다. 이러한 의미에서 "이론이란 실천"이며 "이론은 연장 상자"와 같다고 말한 질 들뢰즈Gilles Deleuze나 미셸 푸코Michel Foucault의 주장은 중요하다.[1] 나는 이 책을 통해 독자들이 용서에 관한 '좋은' 물음들을 각자가 처한 고유한 정황에서 새롭게 생각하고 묻게 되기 바란다. 또한 대화서로서의 이 책이 소개하는 다양한 관점을 자신의 '분석 도구'로 적절하게 사용하게 되기 바란다.

학술서나 이론서라기보다는 대화서에 가까운 이 책 말미에 참고문헌을 넣은 이유는 크게 두 가지다. 첫째, 책은 내게 단순한 자료 창고가 아니다. 한 권의 책은 저자들이 이 세계와 대화하고 이 세계에 개입하느라 씨름하는 치열한 '소통과 개입의 공간'이다. 즉 책의 저자들은 나의 중요한 대화 상대며 이 세계를 더 나은 세계로 변화시키겠다는 개입 의지와 열정을 지닌 동료들이다. 따라서 이 책을 읽는 나의 독자이자 대화 상대들에게 책을 쓰면서 만났던 나의 대화자들을 최소한이나마 소개하고 싶다.

둘째, 독자들 가운데 용서에 대해 폭넓게 알고 싶다는 욕구를 가진 이들이 있으리라는 생각 때문이다. 나는 이 책을 읽는 독자들을 '대중'이라는 단일한 집합체에 함몰될 수 없는, 무수히 다양한 갈망과 다층적 호기심을 지닌 개성 있는 '개별인들'로 생각한다. 즉 이 책을 접하는 독자들은 저마다 다양한 필요와 욕구가 있는 사람들일 것이다. 따라서 내가 다루는 내용을 뛰어넘어 더 깊이 알고자 하는 독자들에게 참고문헌이 도움이 될 것이다.

참고문헌에는 용서와 정치적 사죄, 화해의 문제들을 직간접으로 다루는 자료들이 포함되었다. 이 참고문헌들은 용서가 어떻게 담론과 실천으로서 이 세계의 다양한 문제들과 연계되어 있으며, 동시에 개개인은 일상적 삶에서 어떻게 용서의 문제와 마주하는지를 보여준다.

이 책은 독자들에게 '어떻게' 용서해야 하는지 알려주는 구체적 '지침서'가 아니다. 또한 독자들에게 '무엇을 해야만 한다'며 교훈을 주려는 '교훈서'도 아니다. 나의 의도는 용서라는 자명해 보이는 개념에 다양한 측면에서 어떻게 접근할 수 있으며, 그 개념의 구조가 얼마나 복합적인지 보여주려는 것이다. 용서가 필요한 상황은 언제나 구체적이다. 모든 용서가 서로 유사해 보일지라도 구체적 상황에 따라 각기 다른 방식으로 용서에 접근해야 한다. 이러한 맥락에서 보면 모든 상황에 들어맞는 '용서 – 일반'이란 존재하지 않으며, 용서에 대한 이해와 실천은 각자가 처한 정황에 따라 매번 새롭게 생각해야 할 과제다. 이 책을 통해서 나눌 대화는 저자와의 대화이기도 하고, 독자 자신과의 대화이기도 하며, 또한 이 책 너머에 존재하는 다양한 타자들과의 대화이기도 하리라.

초고를 세심하게 읽고 여러 가지 중요한 제안을 해주신 이환희

편집자께 감사드린다. 또한 촉박한 시간에도 꼼꼼히 원고를 읽으며 세세한 사항들을 점검하고 다듬어 읽기 편한 책으로 만들어주신 구형민 팀장께도 감사의 인사를 전한다.

내가 쓴 용서에 대한 단상을 읽고, 용서에 대한 책의 출판을 제안해주시고 격려를 아끼지 않으셨던 곽종구 주간께 감사드린다. 곽 주간님은 '용서'라는 심오한 주제를 가지고 책을 쓰는 데 큰 동기를 주셨다. 책의 원고를 매듭짓기까지 오랫동안 기다려주신 곽 주간께 다시 한번 깊은 감사의 인사를 전한다.

차례

용서의 상투성을 넘어서

만약 용서할 만한 것만 용서하겠다고 한다면,

용서라는 바로 그 개념 자체는 사라지게 될 것이다.

(…) 용서는 오직 용서할 수 없는 것을 용서하는 것이다.

－자크 데리다Jacques Derrida

용서.

그것은 쉽지 않다.

쉽다면 논의할 필요도 없다.

그것은 가장 어려운 것이다.

－토니 커시너Tony Kushner

내가 용서의 개념에 대해 학문적으로 관심을 갖기 시작한 것은, 프랑스 철학자 자크 데리다의 글 〈용서에 관하여On Forgiveness〉를 접하면서부터다. 이 〈용서에 관하여〉는 현대사회 들어 세계 곳곳에서 논의되는 주제인 용서와 화해의 정치적·철학적·종교적 의미를 예리하게 다룬다. 데리다의 글은 윤리적·철학적 주제로서뿐 아니라 정치적 주제로서 용서를 다루며, 남아프리카공화국(이하 남아공)처럼 극심한 인종차별 정책으로 피비린내 나는 폭력과 살상을 경험했던 곳에서 이루어지는 화해와 사면이라는 형태의 용서를 논의한다. 데리다의 용서에 대한 논의에서 핵심은 "진정한 용서란, 용서할 수 없는 것을 용서하는 것"이라는 데 있다. 그런데 '용서할 수 없는 것'을 '용서하는 것'은 진정 가능할까? 나아가 데리다는 "만약 용서가 오직 용서할 수 있는 것만을 용서하는 것이라면 용서라는 개념 자체는 사라진다"[2]고 말한다. 결국 진정한 용서란 아이로니컬하게도 '용서할 수 없는 것을 용서하려는 시도'다.

사실 용서라는 개념은 이제껏 나의 개인적 관심사가 아니었다. 의미의 성찰 없이 여기저기 상투적으로 붙이는 바람에 그 아름답고 소중한 의미가 퇴색되는 사랑이라는 말처럼, 용서도 너무나 흔하디흔한 말로 들려서 본격적으로 이 개념에 대해 생각해보겠다는 욕구를 가져본 적이 없었다. 그런데 33쪽밖에 안 되는 데리다의 용서에 관한 짧은 글을 읽으면서, 마치 그 글이 '용서'라는 복합적이고 심오한 주제로 나를 강하게 끌어들이는 초대장처럼 느껴졌다. 그 짧은 글은 무수한 복합적 물음을 던지면서, 내가 용서를 얼마나 상투적으로만 생각했는지 일깨워주었다. 그 글을 반복해서 읽을 때마다 각기 다른 물음들과 만나게 되면서 그때부터 데리다 세미나를 강의할 때면 반드시 용서라는 주제를 포함시키기 시작했다. 용서라는 주제가 정치·철학·종교·경제·심리학 등 얼마나 다양한 분야와 연결되어 있는지, 일상생활에 얼마나 깊이 자리 잡은 중요한 문제인지 들여다보기 시작한 것이다.

그렇다고 해서 이러한 나의 읽기 경험이 용서에 대한 책을 쓰겠다는 생각으로 직접 이어진 것은 아니다. 이 책을 집필하게 된 직접적 동기는 어느 날 우연히 신문에서 접한 "용서하겠다던 '크림빵 뺑소니' 아버지 다시 분노한 이유"라는 제목의 기사였다.[3] 2015년 1월 10일 새벽에 일어난 일명 '크림빵 뺑소니' 사건은, 임신한 아내에게 줄 크림빵을 사들고 귀가하던 29세의 강경호 씨가 차에 치여 사망하고, 그를 친 차의 운전자가 도망친 사건이다. 뺑소니차의 주인은 결국 자수했고 강경호 씨의 아버지 강태호 씨는 자신의 아들을 죽인 뺑소니차 운전자 허모 씨를 용서하겠다고 했다. 운전자 허모 씨가 자수한 날 밤, 희생자의 아버지는 경찰서로 찾아가 자수한 사람을 위로해주러 왔다며 '따스한 용서'의 손길을 내밀었다. 그런데 하루 뒤에, 그 용서를 번복하며 분노했다. 이유는 뺑소니차의 운전자가 '스스로 잘못을 뉘우친 것'이 아니었고 사건 진술에도 진정성을 보이지 않았기 때문이다. 강 씨는 가해자를 원망하지 않을 것이며, 이미 용서할 준비를 모두 했으니 제발 진정으로 뉘우치고 사과하는 모습을 보여달라고 호소했다.

이 기사를 읽으면서 나는 피해자의 아버지가 이해하는 용서가 사실상 대부분의 사람들이 이해하는 용서일 것이라 생각했다. 피해자의 아버지는 가해자의 뉘우침을 용서의 전제조건으로 보기 때문이다. 그렇다면 도대체 용서란 무엇인가. 이 사건에서 드러난 용서는 수수께끼 같은 물음을 던진다. 크림빵 사건의 직접적 피해자는 이미 숨을 거두었다. 이처럼 직접적 피해자가 이미 존재하지 않을 경우, 가해자를 용서할 수 있는 사람은 누구일까. 누구에게 진정으로 '용서할 자격'이 있을까. 피해자의 부인인가, 그를 낳은 어머니인가.[4] 직접적 피해자가 아니라 간접적 피해자인 아버지가 과연 "나는 용서한다"라며 용서의 행위를 할 수 있는가. 또한 용서를 하지 않는 것과 하는 것에는 어떤 차이가 있는가. '왜' 우리는 용서해야 하는가. 용서하면 피해자가 분노나 복수의 마음에서 해방되기 때문인가. 아니면 가해자 마음이 편해지기 위해서인가. 용서는 '언제' 해야 적절한가. 예를 들면 가해자가 용서를 요청한 후인가, 아니면 가해자가 용서를 구하는 것과 상관없이 아무 때나 할 수 있는가. 또한 용서에는 반드시 전제조건이 있는가. 즉 용서를 하기 전에 잘못을 저지른 가해자가 뉘우치거나 회개해야만 비로소 용서가 가능한가. 이러한 물음들은 용서의 지평이 얼마나 복잡한지 보여준다.

인간은 그 누구도 완벽하지 않다. 인간이라면 누구나 잘못을 저지른다. 너무 단순하고 평범하게 들리는 말일지도 모른다. 그런데 이 사실은 '인간이란 누구인가'에 대해 더욱 깊은 차원에서 사유할 필요성을 제기한다. 인간은 불완전하기에 '잘못을 저지르는 존재'다. 이 회피할 수 없는 인간의 조건은, 개인뿐 아니라 인간이 만들어놓은 다양한 제도 중 그 어떤 것도 한 점 오류 없이 완벽하지는 않다는 사실과도 연관 지을 수 있다. 사회 공동체, 종교 공동체, 교육 공동체 등 인간이 만든 제도들은 개인에게, 그리고 특정한 인종·종교·국가·성적 성향·장애 등으로 분류되는 사람들에게 다양한 폭력과 상처를 안겨준다. 게다가 친구·동료·가족 등 친밀한 관계 속에서도 인간은 잘못을 하고, 상처를 주고받는다. 그런데 돌이킬 수 있든 없든, 또는 크든 작든 간에 어떤 잘못을 했을 때 용서받고 싶다고 생각하지 않는 사람이 있을까. 국적·종교·문화·성별·나이·학력·직업 등에 상관없이 인간이라면 누구나 잘못을 저지를 때가 있으며, 사람이라면 누구나 그 잘못에 대해 용서받기를 원한다.

결국 인간이란 누구나 용서받고 용서하는 것에 대하여 씨름하며 살아가는 존재다. 이러한 의미에서 볼 때 인간의 현실에서는 언제나 용서라는 주제와 대면할 수밖에 없다. 그런데 이처럼 도처에서 사용되고 논의되는 용서는 구체적 삶의 정황에서 무엇을 의미할까? 이는 개인의 성품과 성향에 따라서, 용서에 대한 이해에 따라서, 또는 용서가 요구되는 구체적 정황에 따라서 각기 다른 의미를 지닌다. 그러기에 용서에 대한 세심하고 폭넓은 이해는 용서를 실천하는 데 매우 중요하다. 우리의 현실이 용서를 요구하기 때문이다. 용서는 자동적으로 찾아오지 않는다. 용서를 하려면 인간의 의지가 작동되어야 하기에 용서의 범주와 내용을 이해할 때 용서의 남용이나 왜곡을 최소화할 수 있다.

용서의 문제는 개인과 집단이라는 두 가지 차원에서 일상에 강하게 자리 잡고 있다. 흔히 용서를 주로 종교적 차원의 문제로 생각한다. 그러나 용서의 문제는 인간 삶의 거의 모든 영역과 연계된다. 용서·사과·화해라는 깊숙이 연결된 주제들이 종교·문학·정치학·사회학·의학·심리학 등 다양한 분야에서 논의되었으며 출판된 책·논문·에세이는 물론 용서의 문제를 다루는 연구소나 센터들이 셀 수 없을 정도로 많다. 이는 용서의 문제가 삶에서 얼마나 광범위하고 절실하게 자리 잡았는지 보여준다. 한편 이렇게 다양한 방식으로 용서의 문제가 다루어진다는 사실은, 용서의 문제가 결코 단순하지 않으며 매우 복잡하고 복합적인 주제라는 사실을 드러낸다.

공적 영역에서 용서의 문제가 등장한 여러 경우가 있으며, 그중 하나로 남아공의 예를 들 수 있다. 남아공의 인종차별 정책 폐지 후 1995년에 만들어진 '진실화해위원회 Truth and Reconciliation Commission'는 인류사 속 다양한 갈등과 분쟁에 새로이 접근하게 해주었다. 이 위원회의 의장은 1984년 노벨평화상을 수상하고 넬슨 만델라 Nelson Mandela와 함께 남아공의 인종차별 정책에 맞서 싸웠던 성공회 대주교 데스몬드 투투 Desmond Tutu였다. 진실화해위원회의 설립 목적은 일반 법정이 추구하는 정의, 즉 가해자를 찾아내 처벌하고 응징하는 데 초점을 두는 '응보적 정의'에 있지 않았다. 물론 구체적 현실에서는 이 같은 응보적 정의를 추구하는 것이 중요하다고 볼 수도 있다. 그러나 응보적 정의의 모색에는 한계가 있다. 피해자가 받은 상처에 대한 치유, 미래로 나아가기 위한 피해자와 가해자의 관계 회복이 이루어지지 않기 때문이다.

이후 3장 '용서의 종류'에 나오는 '정치적 용서' 항목에서 상세히 설명하겠지만, 하나의 범죄 사건에서 회복적 정의는 응보적 정의와 달리 우선 피해자에게 초점을 맞춘다. 되도록이면 피해자가 받은 다양한 상처와 피해를 치유하고 회복하는 데 중점을 둔다는 뜻이다. 뿐만 아니라 가해자들도 사회에서 새로운 삶을 살아가게끔 가해자와 피해자의 화해와 용서를 통한 책임 있는 변화를 모색한다. 이러한 맥락에서 진실화해위원회는 남아공의 혹독한 인종차별 정책에 대해서 응보적 정의가 아닌 회복적 정의를 이루려 애썼다. 이 위원회의 활동은 갈등 해소, 국제법, 보상 이론을 비롯해 정치적 화해에 대한 다양한 정치 이론이 전격적으로 출현하는 계기가 되었다. 또한 이렇게 급부상한 이론들은 '용서'에 관해서는 물론 사면·자비·사과·화해 등 용서와 관련된 주제에 대한 새로운 연구와 논의를 촉발했다.

1980년대까지만 해도 용서라는 주제는 주로 종교의 영역에서 논의되곤 했다. 그러다 1980년대 중반 이후부터는 종교의 울타리를 넘어 예술·정치·경제·철학·과학의 영역에서 논의되었다. 최근에는 철학 분야에서도 용서가 주된 관심사로 등장했다. 지난 10여 년 동안 용서를 주제로 영어로 된 수많은 책, 논문, 논평이 쏟아져 나왔다.[5] 이는 '처벌'이라는 주제의 2배, '권리'의 16배, '정의'의 20배가량이 넘는다. 종교적 영역에서만 논의되던 용서가 인간의 삶 전반에 연결된 주제라는 인식은 '용서학Forgiveness Studies'이라는 분야를 출현시키기도 했다. 2005년에 출판된《용서의 핸드북Handbook of Forgivness》이라는 596쪽짜리 방대한 책의 저자는 70여 명이 넘는다. 이들은 법학자·정신의학자·심리학자·행동과학자·사회과학자·교육학자·철학자·종교학자들이며 책에서는 이론가들과 현장에서 일하는 사람들이 각기 다른 관점에서 '용서'에 대해 논의한다.[6]

내가 용서에 관한 책을 쓰기 위해 다양한 자료를 조사하고 연구하면서 분명하게 생각한 바가 있다. 용서란 철학·종교학·정치학·심리학 등 특정한 전문 분야뿐 아니라, 우리의 일상과 깊숙이 연계해서 논의해야 할 주제라는 점이다. 용서는 일상을 지배하는 중요한 주제이므로 특정 전문 분야에 귀속되어 학자들의 언어로만 통용되기보다는 그 이론적 세계를 구체적 삶의 현실과 접목하는 작업이 절실하다고 생각하게 되었다. 우리의 일상과 밀접한 관련이 있는 용서를 개인적 차원만이 아니라 사회적·정치적 차원에서도 들여다보아야 한다. 표면적으로는 지극히 개인적 사건들도 내면을 들여다보면 경우에 따라 얽히고설켜 있거나 각기 다른 문제와 직간접으로 연결되기 때문이다. 예를 들면 한국 사회에서 여전히 응어리로 남아 있는 위안부 문제를 보자. 위안부 문제는 위안부로 피해를 입은 개인의 문제만이 아니라 한국 정부와 일본 정부의 문제이기도 하다. 이 위안부 문제에서 용서란 어떤 의미인가. 누가, 누구를, 무엇을 용서할 수 있는가. 과연 용서가 가능한가.

많은 사람들이 일반적으로 이해하는 용서는 매우 '낭만적'일 때가 있다. 여기서 낭만적이라는 말은 용서가 지닌 복잡한 딜레마나 그 과정에서의 어두운 측면을 보지 않는다는 것을 의미한다. 이러한 '낭만적 용서'는 종종 용서가 지닌 사회정치적 함의를 놓칠 때가 있다. "좋은 게 좋으니 그저 용서하라"라든지, "용서하는 사람이 착한 사람"이라는 표현은 용서라는 행위가 지극히 개인의 품성과 결단에 달린 문제라는 반쪽짜리 이해를 불러온다. 철학·종교학·정치학·심리학·신학 등 다양한 분야의 학자들, 전문적으로 용서를 상담하고 교육하는 연구소나 센터에서 용서에 대해 논의하지만 이처럼 무수한 연구에서 규정하는 용서 가운데 모두가 동의하는 단 하나의 정의는 없다. 그러기에 '무엇이 용서인가' 생각하기 전에 먼저 '무엇이 용서가 아닌가'를 생각해보면 용서에 대한 포괄적 이해에 도움이 된다.

이 책에서 다루는 용서는 단순히 피해자의 상처·고통·분노를 완화하는 '치료' 차원의 용서가 아니다. 물론 그것 또한 가능하다. 하지만 단순히 '치료' 차원에서만 용서를 다룬다면, 최면이나 망각 또는 약 복용으로 고통이나 분노를 약화시키는 것과 용서의 차이를 구분하기 어렵다. 올바른 정황에서 적절한 방식으로 '용서할 수 있는 능력'을 갖기란 참으로 쉽지 않다. 주변에서 용서를 강요하는 분위기에서는 용서하지 않는 이들은 마음이 강퍅하고 과거라는 감옥에 갇힌 사람이라고 쉽게 비난받는다. 또는 교만하고 자만심이 강하며 타협 불가능한 사람이라는 인식을 받을 수도 있다. 반면 너무 쉽게 습관적으로 용서하는 사람은 자존감이 없는 사람이라고 비난받기도 한다. 일반적으로 사람들은 상처를 받은 사람은 상처를 준 사람과 상황에 저항해야 한다고 생각하기 때문이다. 상처를 주고 가해하는 사람을 일방적으로 너무 쉽게 계속 용서할 때 잘못된 행동에도 눈감는 도덕 불감증에 걸린 사람으로 비칠 수도 있다. 우리는 이처럼 다양한 정황에서 살아가므로 용서의 복잡성과 다양한 딜레마들을 제대로 들여다보아야 할 필요성이 절실해진다. 그러지 않았을 때 피해자와 가해자에 대한 또 다른 왜곡을 반복하게 되기 때문이다.

인간은 '잘못을 하는 존재'다. 이 사실은, 누군가 다른 누군가에게 잘못하는 일이 날마다 벌어진다는 것을 말해준다. 따라서 용서할 것인가, 하지 말 것인가, 또는 어떻게 용서할 것인가 하는 물음이 날마다 지속적으로 찾아온다고 할 수 있다. 나 자신이 타인에게 잘못하거나 타인이나 집단이 나에게 잘못하는 일들이 항시 벌어지는 인간의 현실에서, 이 '잘못함의 일상성'은 최소한 다음과 같은 여섯 가지 질문에 계속 생각하고 답하면서 살아가게 한다.

* 누가, 누구를 용서할 수 있는가?
* 왜 용서해야 하는가?
* 무엇을 용서해야 하는가?
* 어떻게 하는 것이 용서인가?
* 언제 용서해야 하는가?
* 용서에 전제조건이 있는가?

물론 인간이라고 해서 모두가 용서의 문제로 씨름하지는 않는다. 자신에게 잘못을 저지른 가해자에게 원한을 품고 다양한 방식으로 그 가해자를 징벌하고 복수하는 데 만족감과 쾌감을 느끼면서 이를 '정의'라 믿는 사람들도 있다. 그런데 이 '복수의 달콤함'에 빠지면 피해자는 거꾸로 가해자로 돌변하며, 상대방을 악마로 만들어 자신의 어떠한 잘못도 정당화한다. 나치가 벌인 학살의 피해자였던 유대인들의 이스라엘은, 팔레스타인과의 관계에서 강력한 폭력을 행사하고 그들의 주권을 인정하지 않음으로써 또 다른 양태의 가해자가 되고 있다. 한편 드라마나 영화는 가족을 죽인 사람을 찾아서 복수하는 이야기들을 끊임없이 양산해낸다. '복수의 일상화'는 우리의 거실과 영화관, 학교를 지배한다. 그러나 이처럼 복수가 일상화되는 현실에서도 '복수의 달콤함'이 안겨주는 유혹에서 벗어나 자신의 용서가 가져다줄 진정한 화해를 생각하면서 고뇌하고, 고투하고, 괴로워하는 이들도 참으로 많다. 이 책은 이렇게 복수가 아닌 용서에 대해 고민하고 씨름하는 이들에게 건네는 대화라고 할 수 있다.

앞서 언급했던 것처럼 이 책은 용서하는 방법을 제시하는 지침서가 아니다. 그 누구도 모든 상황에 들어맞는 용서의 지침을 제시할 수는 없다. 우선 두 가지 이유에서 '용서 지침서'는 불가능하다. 첫째, 인간은 특정한 매뉴얼에 따라 작동하는 기계가 아니다. 한 인간에게는 무수한 결들이 있다. 인간은 이처럼 수없이 많은 결을 스스로도 알지 못할 때가 많다. 그러므로 인간의 감정과 이성의 결을 획일적으로 조정할 수 있는 매뉴얼을 만들기란 불가능하다.

둘째, 용서를 해야 하는 정황마다 용서에 대한 각기 다른 성찰과 행동이 필요하다. 이러한 의미에서 보면, 사실상 모든 정황에 들어맞는 용서 개념이란 없다. 용서가 필요한 상황에 부딪힐 때마다 매번, 마치 처음 대하듯 매우 조심스럽게 그 용서의 복합적 의미를 고찰하고 적용해야 한다. 특히 '어떻게'와 '언제'는 특정한 상황에 따라 매번 새롭게 생각하고 결단해야 할 과제다.

이러한 맥락에서 '용서'라는 단순해 보이는 개념이 지닌 복잡하고 다양한 차원을 함께 이해해보려는 의도로 나는 이 책을 썼다. 각자의 구체적 삶의 현장에서 한 개인 또는 집단이 용서의 왜곡과 남용을 최소화하고, 용서를 확장하면서 심오하게 만들어가는 데 이 책이 작은 도움이 되기를 바란다. 나는 '손쉬운 해답'을 구하기보다는 깊은 사유의 세계로 인도해줄 '새로운 물음'과 씨름하는 이들이야말로 더욱 평화롭고, 평등하고, 정의로운 사회를 위한 희망의 씨앗을 뿌리는 이들이라고 생각한다. 이 책은 정의로운 사회를 위한 물음과 씨름하면서 그러한 사회를 꿈꾸는 사람들에게 보내는 초대장이다. 자신에게 잘못을 저지른 사람이나 집단을 향한 '복수와 징벌의 달콤한' 유혹에서 벗어나, 진정한 인간됨이 무엇인지 번민하고 사유하는 대화의 공간으로 독자들을 초대하고 싶다.

1장

용서를 사유해야 하는
네 가지 이유

의식하든 하지 않든, 우리는 다양한 양태의 용서와 직간접으로 얽힌 삶을 살아간다. 외딴섬에 홀로 사는 사람은 아무도 없다. 가족과 친척, 친구는 물론 다양한 사람들과의 관계 속에서 우리는 살아간다. 용서가 필요한 정황은 누군가 구체적으로 '나쁜' 행위를 했기 때문에만 발생하는 것은 아니다. 용서는 노골적인 가해로 인해 요청될 뿐 아니라, 자신이 좋아하지 않거나 자신과 맞지 않는 일들을 그대로 넘겨버리지 못하는 정황에도 필요하다. 용서했더라면 풍요로워졌을지도 모르는 관계가 삭막한 관계로 전락하는 경우가 많다. 상황에 따라서는 구체적이고 노골적인 가해자나 피해자가 없다 해도, 사실상 포괄적 의미의 용서라는 개념과 연결될 수 있다. 주변에서 쉽게 볼 수 있는 예를 들어보자.

A는 인상도 좋고 직장에서 일 처리도 빼어나게 잘한다. 대화술도 뛰어나고 뛰어난 유머 감각으로 사람들을 즐겁게 해주기도 한다. 이사 온 이웃에겐 제일 먼저 가서 환영한다. 직장에서도 새 직

원이 들어오면 가장 먼저 다가가서 환영해주고, 새로운 환경에 익숙해지도록 친절하게 도와준다. A를 만나는 사람들은 그에게 편안함을 느끼고, 금세 그와 친해진다. 그런데 이상한 일이 있다. 직장에서든 동네에서든 그와의 친분을 오랫동안 유지하는 사람이 거의 없다. 길어야 1~2년 관계가 유지될 뿐 5년, 10년, 또는 그 이상 친하게 지내는 사람은 없었다. 왜 그럴까? 그와 가까워지고 보니 이전에 알지 못하던 단점이 드러나서 사람들이 그에게 등을 돌리는 걸까? 아니면 노래방에서 마이크를 놓지 않는다거나 늘 하던 이야기나 농담을 반복하기 때문일까? 그것도 아니면 싫증을 잘 느끼는 성격이라서 어느 정도 사람들과 친해지고 나면 그가 먼저 등을 돌리는 걸까?

사실상 그가 사람들과 오랫동안 좋은 관계를 유지하지 못하는 데는 뜻밖의 이유가 있다. B는 그와의 관계가 단절된 과정을 이야기해주었다. 어느 날 A가 B 가족을 집으로 초대했고, B는 세 살짜리 자녀와 함께 A 집에 갔다. 어른들이 이야기하는 동안 B의 아이가 아파트 베란다 화분에 있던 꽃을 꺾어 B에게 가지고 와서 보여주었다. B는 신이 나서 자랑스럽게 꽃을 보여주며 예쁘다고 하는 아이 말에 동조해주었다. 물론 꽃을 꺾은 것이 조금 마음에 걸렸지만, 어린아이가 한 일이고 꽃도 평범해 보여서 크게 신경을 쓰지 않았다. B는 그날 이후 A의 태도가 뭔가 이상하다고 느꼈다. 동네에서 만나면 늘 상냥하게 웃던 그가 더는 예전처럼 친근

용서에 대하여

한 모습을 보이지 않았다. 이상한 일이었다. 이러한 태도 변화를 이해할 수 없었던 B는, 관계 회복을 위해 A를 집에 초대했다. A는 이런저런 핑계를 대고 세 번이나 거절했다. 처음에는 바빠서 그런가 보다 하고 넘겼지만, 세 번째 거절을 당하자 B는 비로소 뭔가 잘못되었다는 느낌을 받았다. 그렇지만 돌연히 관계가 소원해진 이유를 도무지 추측하기 힘들었다.

A를 아는 사람에게 우연히 어떤 이야기를 듣고 B는 의문이 풀렸다. 자신의 아이가 꺾은 꽃은 A가 정말 아끼는 것이었다. 그런데 꽃을 꺾은 아이를 나무라기는커녕 아이에게 동조하는 B를 A는 도무지 이해하기 어려웠고 매우 서운했다. 물론 아이의 잘못된 행동을 방관한 B의 잘못도 있지만, 이 '잘못'에 대한 A의 반응 방식에는 뭔가 문제가 있다. 그런데 A처럼 성격이 별난 사람들만 이러한 대응 방식을 보이는 건 아니다. 사실상 우리 모두 살아가면서, 또는 주변 사람들에게서 이런 모습을 경험한다. 자신과는 다른 타자들과 다양한 모습으로 관계를 맺고 살아가면서, 타자들의 사고 방식이나 행동이 나와 다른 경우를 무수히 접한다. 그런데 A처럼 자기 방식에 벗어나는 일은 절대 용납하지 못할 경우, 사실상 어느 누구와도 지속적 관계를 유지하기가 힘들다. 타인들이 언제나 나와 동일한 방식으로만 살아가는 관계는 거의 없을 것이다. 나와 같은 방식이 아니라고 아예 관계 자체를 거부한다면 여타 모든 관계의 지속이 불가능해진다.

이렇듯 용서란 엄청난 잘못에서만 필요한 것은 아니다. A의 경우처럼 일상생활에서 일어나는 사소하고 작은 문제에도 용서가 필요하다. 용서는 부모·가족·자식·친구·이웃·동료 등 모든 종류의 관계를 지속해나가는 데 없어서는 안 될 행위다. 우리 모두가 위대한 성인은 아니다. A는 여러모로 이웃이나 직장 동료들과 좋은 관계를 맺으며 살아가기에 훌륭한 조건을 갖춘 사람이다. 그럼에도 그가 관계를 오래 유지하지 못하는 것은 아주 사소한 일조차 용서하지 못하는 성향 때문이다. 용서란 이처럼, 커다란 폭력, 상처, 잘못 등이 발생했을 때만이 아니라 눈에 보이지 않고 매우 사소해 보이는 다양한 일들 속에서도 인간관계와 삶에 매우 중요한 요소가 된다.

그렇다면 도대체 왜 용서를 생각하고 실천해야 하는지 조금 더 살펴보자. 용서에 대해 사유하고 그 사유를 구체적 삶의 정황에 적용해야 하는 이유는 무엇인가. 나는 '인간이란 어떤 존재인가'라는 질문에 대한 네 가지 측면에서 그 답을 찾고자 한다. 첫째는 불완전한 존재로서의 인간, 둘째는 함께 살아가는 존재로서의 인간, 셋째는 제도 속에 살아가는 존재로서의 인간, 넷째는 미래를 향한 존재로서의 인간이다.

1. 불완전한 존재로서의 인간

인간이 '불완전한 존재'라는 사실은 어느 누구도 부인할 수 없는 인류 보편의 진리다. 아무리 훌륭하다고 칭송받는 사람도 완벽한 인간일 수는 없다. 만약 누군가를 완벽하다고 한다면 그것은 그 사람을 인간이 아닌 신神으로 여기는 것과 같다. 불완전한 존재인 인간은 살면서 자신은 물론 타인에게 잘못을 저지르거나 상처를 주는 동시에 스스로에게 그리고 타인에게 상처받고 피해를 입기도 한다. 이러한 의미에서 보면 용서란 피할 수 없을 뿐 아니라 인간의 삶에서 반드시 필요한 삶의 구성요소라 할 수 있다.

이렇게 불완전한 존재로서의 인간은, 스스로의 이기심·집착·교만·권력욕 때문에 자신은 물론 타인에게 상처를 입히고 때론 폭력을 써서 피해를 주기도 한다. 동시에 인간은 친절·연민·사랑·보살핌·환대를 베풀기도 하는 존재다. 바로 인간의 존재론적 역설이다. 사랑·연민·환대를 베푸는 신적인 얼굴, 또는 타자를 살해하기까지 하는 악마적 얼굴. 이 두 상충하는 모습이 대부분의 인간 속에 얽히고설켜 있다. 이러한 맥락에서 볼 때 인간의 품성이 본래 악하다는 성악설性惡說이나 반대로 선하다는 성선설性善說은 인간이 지닌 모든 역설을 담아내지 못한다. 이 두 가지 주장 중 하나를 선택한다면 두 가지 품성을 모두 지닌 인간이라는 복합적 존재의 전체 모습을 볼 수 없기 때문이다.

인간이라는 존재는 누구나 선한 품성과 악한 품성을 한꺼번에 담고 있다. 그러기에 인간으로 산다는 것은 자신은 물론 타인의 악한 품성이 작동하는 현실에서 살아가야 함을 의미한다. 악한 품성이 작동할 때의 결과는 폭력이며, 이러한 폭력성은 노골적으로 혹은 은밀하게 다른 이에게 상처를 준다. 때로 스스로 자기 자신을 용서해야 하는 것도 바로 인간이 불완전한 존재기 때문이다. 이런 면에서 볼 때 용서는 타자를 향한 것일 때도 있고, 보잘것없게 여겨지는 자신을 증오하거나 학대하며 스스로를 보살피지 않는 자기 자신에 대한 것일 수도 있다. 때문에 자기 용서의 필요성이 등장한다. 인간의 이러한 불완전성은 어느 지역에 살든, 어느 시대를 살아가든 용서를 삶에 없어서는 안 될 필수적인 것으로 만든다.

2. 함께-살아가는 존재로서의 인간

태어나는 바로 그 순간부터 인간이라면 어느 누구도 혼자 살아갈 수 없다. 인간은 다양한 관계의 틀에서 태어나고, 자라고, 살아간다. 종종 우리는 그런 자명한 사실을 망각하곤 한다. 프랑스 철학자 장-뤽 낭시Jean-Luc Nancy는 "존재"란 언제나 "함께-존재"이며, "모든 것이 함께everything is with"라고 강조하면서 우리의 망각을 일깨운다.[7] 타자와 함께 존재한다는 인간의 조건을 늘 기억하라고 상기시키는 것이다. 자크 데리다 역시 살아감이란 언제나 "함께-살아감living together"[8]이라고 하면서, 현대 세계의 가장 중요한 화두가 '함께'임을 강조한다. 표현은 조금씩 다르다 해도, 많은 사상가들이 이러한 '함께-존재'라는 개념을 강조한다.

그런데 이렇게 '함께-존재'로서 살아가는 인간에게 타자와 함께 존재한다는 것이 언제나 좋은 일만은 아니다. 타자와의 복합적 관계망에서 살아가는 우리에게는 배우자·애인·자녀·부모·친척·친구·동료 등 '가까운 타자'도 있고, 친밀성의 관계망에 있지 않은 전혀 알지 못하는 '먼 타자'도 있다. 상처와 피해의 주고받음은 알지 못하는 '먼 타자'뿐 아니라, 친숙함과 친밀성을 나누는 '가까운 타자'와의 관계에서도 일어난다. 이처럼 타자와 함께 살아간다는 것은 성적·언어적·정서적·신체적·경제적·종교적 폭력 등 다양한 양태로 타자와 상처를 주고받는 정황에 놓여 있음을 의미한다. 이로써 한 인간으로 살아가면서 용서의 문제를 생각하지 않을 수 없게 된다.

3. 제도 속 존재로서의 인간

한 인간이 타인과 함께 살아가는 존재라는 말은, 다양한 제도적 삶을 살아야 한다는 것을 의미한다. 인간은 가족·종교·국가 등 다양한 제도와 연계된 삶을 살아야 한다. 그런데 그 제도들은 위로와 보호뿐 아니라 상처와 폭력을 주기도 한다. 예를 들면 개인은 한 국가에 속한 국민으로서 국가의 보호를 받기도 하지만 국가에 의한 다층적 폭력을 경험하기도 한다. 또한 개인은 국가 간 전쟁이나 분쟁으로 상처와 피해를 입거나 다른 국가 국민들에게 피해를 주기도 한다.

국가만이 아니다. 종교·교육·기업과 관련된 다양한 형태의 조직은 복합적 제도를 양산한다. 그러한 제도 내에서 개인은 구조적·심리적 피해를 입을 때가 있다. 인간은 다양한 제도를 만들고 그 제도와 공동의 세계를 형성하며 살아간다. 이는 개인적 차원의 상처뿐 아니라 집단적이고 제도적인 차원에서 폭력과 상처라는 현실이 존재함을 의미한다. 어찌 보면 인류 역사는 다양한 종류의 분쟁과 전쟁, 폭력의 역사이기도 하다. 이는 개인 간의 용서뿐만 아니라, 집단 간의 용서가 필요한 이유다.

4. 미래를 향한 존재로서의 인간

용서는 언제나 과거의 시간에서 벌어진 일과 연관이 있다. 과거의 상처와 피해는 응어리로 남은 채 과거에 고정되지 않고 현재로 이어지면서 인간을 늘 과거라는 감옥에 가두고 새로운 삶의 의미를 실현하기 어렵게 한다. 과거에서 벗어나 현재를 살아가면서 새로운 미래를 구상하고 그 미래를 향해 한 걸음씩 걸어가야 하는 인간이라면, 자신이 피해자든 가해자든 과거의 잘못된 일을 정리하고 이에 적절하게 반응할 필요가 있다. 용서란 어떤 방식으로든 '미래를 향한 존재로서의 인간'이라는 조건과 깊숙이 연계된다고 할 수 있다. 과거의 일을 용서하는 것이 인간에게 새로운 미래를 약속하고, 인간을 타인과 연결해주기 때문이다.

　이러한 네 가지 인간 삶의 조건은 다양하게 상처를 준 가해자와 이로써 상처를 입은 피해자가 언제 어디서나 존재한다는 사실을 시사한다. 다양한 폭력이 확대되면 전쟁과 분쟁으로 이어지며, 이러한 과정을 통해서 가해자와 피해자 그룹이 생겨난다. 이럴 때 피해자들은 '폭력과 상처받은 경험을 어떻게 받아들여야 하는가'라는 물음 앞에 서게 된다. 이런 의미에서 볼 때 용서는 언제나 과거의 사건들을 향한다. 그 과거를 뛰어넘고 현재와 미래의 삶을 지속하기 위해서 용서가 필요한 것이다.

2장

용서란 무엇인가:
용서의 정의

1. 용서에 대한 오해와 이해

용서에 대한
오해 _____

용서에 대한 이해를 살펴보기 전에 먼저 용서에 대한 오해부터 간략하게 살펴보자. 우선 우리 안의 오해부터 분명히 짚어보아야 적절한 이해 또한 가능하기 때문이다. 용서에 대한 오해 중 가장 일반적인 것을 다음과 같은 세 가지로 볼 수 있다.

첫째, 용서가 종교적·영적 주제일 뿐이라는 생각이다. 대부분의 종교는 용서를 중요한 가치에 포함시킨다. 그렇다고 해서 용서가 종교나 영적 주제에 국한되는 것은 아니다. 용서는 인간 삶과 경험에 보편적이며, 종교적·영적 범주를 뛰어넘는 매우 중요한 주제라 할 수 있다. 특히 2차 세계대전 후 나치의 유대인 학살, 일본 식민지에서의 학살이나 위안부 문제, 남아프리카공화국의 인종차별 등 다양한 역사적 사건 속에서 피해자와 가해자 간의 용서는 더욱더 심각한 정치적 문제가 되고 있다.

둘째, 용서는 잘못을 저지른 사람의 사과나 뉘우침이 있고 나서야 가능하다는 의견이다. 일반적으로는 가해자의 반성 같은 전제조건이 있어야만 용서가 가능하다고 본다. 그러나 용서에 절대적 전제조건이 필요하다는 의견에 모든 사람이 동의하지는 않는다. 오히려 진정한 용서에는 아무 전제조건이 없다고 보는 견해도 있다. 예를 들면 자크 데리다는 사과나 뉘우침 등 전제조건이 붙은 용서는 사실상 진정한 용서가 아니라고 말한다.

셋째, 잘못된 일을 잊지 못한다면 그 잘못을 행한 사람들을 용서할 수 없다는 관점이다. 이러한 관점에서는 잘못된 일을 망각한 후에야 용서가 가능하다고 본다. 그런데 불행한 일을 일으키거나 잘못을 행한 사람 또는 집단을 용서한다고 해서 반드시 망각이 전제되어야 하는 것은 아니다. 어떤 정황에서는 망각이 오히려 불의가 될 수 있다. 망각이 아닌 성찰을 통해 분명히 기억해야만 그 같은 잘못이 반복되지 않을 수 있기 때문이다.

용서에 대한 이해

고대에서 현대에 이르기까지 용서란 상처받거나 부당한 일을 당했을 때의 사적 반응으로 간주되었다. 즉 누군가 나에게 잘못을 저지르고 해를 입히거나 반대로 내가 누군가에게 잘못을 저지르거나 타인을 가해했을 때, 가해자나 피해자 개개인이 가해에 반응하는 바를 용서로 이해했다. 그러나 현대에서는 용서의 이해가 더욱 복잡해졌고 종교의 영역뿐 아니라 다양한 영역에서 용서가 논의되기 시작했다. 개개인에게서 일어나는 사적 일로만 이해되던 용서가 이제 공적 사건의 의미도 지니게 된 것이다. 용서를 더욱 복합적으로 이해할 때 우선 생각해보아야 할 문제가 있다. 그것은 용서하려고 할 때 '용서될 수 있는 것'과 '용서될 수 없는 것'의 구분이 가능한가 하는 문제다. 이는 용서의 범주나 전제조건과 관련이 있는 중요한 물음이다. 다시 말해 가해를 입힌 정도나 가해자의 태도 여하에 따라 용서가 가능한지, 결코 용서할 수 없는지 구분하는 것이 가능한가의 문제다.

구체적 일상생활에서 용서를 생각할 때 이렇게 묻게 된다. '용서될 수 있는 것'과 '용서될 수 없는 것'의 범주는 어떻게 규정해야 할까. 예를 들면 가해자가 자신이 잘못한다는 것을 모르고 한 일일 때에는 용서해야 할까. 가해자가 모르고 한 가해와 알고 한 가해는 다르며, 그 차이에 따라 용서하거나 용서받는 것이 가능하기도 하고 그렇지 못하기도 하다. 예를 들면 예수가 죽기 직전, 자신을 십자가에 못 박은 이들을 용서해달라고 비는 장면이 있다. 예수는 "신이여, 저들을 용서하소서. 왜냐하면 저들은 자신들이 무엇을 하는지 모르기 때문입니다"[9]라며 자신을 죽이려는 이들을 용서해달라고 호소한다. 예수가 청원한 용서는 가해가 그 가해자의 '무지'에서 비롯된 것일 때 '용서받을 수 있는 하나의 조건'이 될 수 있음을 암시한다. 그러나 자신이 범하는 가해 행위의 의미를 몰랐다는 이유로 가해자를 용서하는 것이 곧 가해자의 행위에 대한 예외적 정당화를 의미하지는 않는다. '예외적인 것'으로 쉽게 면제해줄 수 있는 잘못이라면 용서받을 필요도, 책임을 질 필요도 없다. 쉽게 '예외적인 것'으로 간주되는 잘못이나 가해에 용서를 말할 수는 없을 것이다.

영어로 '용서'를 나타내는 'forgive'는 '포기하다give up'의 'give'라는 말에서 비롯되었다. 그렇다면 용서하기 위해서 무엇을 포기해야 하는가. '포기'라는 뜻을 포함한 영어의 용서는 용서에 대한 통상적 이해를 잘 드러낸다. 용서하기 위해서는 분노나 복수심, 또는 보상받으려는 감정을 포기해야 한다는 의미를 내포하는 것이다. 이러한 의미에서 볼 때 용서란 포기, 잘못의 사면, 빚의 면제를 뜻하며 상처와 잘못, 책무에 대해서도 유사한 행위를 의미한다고 할 수 있다. 일반적으로 용서는 가해자와 피해자가 개입된 두 사람 간의 관계이자 피해자가 자신과 가해자의 위치를 바꿀 수 있는 방식으로 이해된다.

그러나 용서에 대한 이러한 전통적 이해에는 한계가 있다. 용서를 두 사람의 관계에서 일어나는 것으로 이해한다면, 개별적이고 사적인 관계를 넘어 용서가 적용될 수 있는 매우 복잡하고 폭넓은 범주를 포괄하지 못하기 때문이다. 예를 들면 두 개인의 관계뿐만 아니라 개인의 빚을 금융기관이 탕감해주는 일 등 개인과 집단 사이의 일, 또는 공식적 사면을 통한 징벌의 감형 등도 용서의 범주에 들어간다. 또한 특정 집단에 대한 폭력으로 발생한 역사적 사건에 관해 정부 위원회 등을 만들어 진실 규명과 피해자와 가해자 사이의 화해를 모색하는데 이곳에서 하는 일도 용서의 범주에 들어갈 수 있다.

다양한 형태의 용서를 더욱 분명하고 폭넓게 이해하기 위해 다음과 같은 점들을 생각해볼 필요가 있다. 이러한 물음은 손쉬운 해답을 찾기 위한 것이 아니라, 용서에 대해 더욱 깊고 넓게 생각해보기 위한 문을 여는 것이다.

용서에서 생각해야 할 물음

* 용서는 덕목인가.
* 용서의 초점은 잘못을 행한 행위자에 두어야 하는가, 잘못한 행위에 두어야 하는가.
* 무엇이 용서의 대상이 될 수 있으며, 피해자는 무엇을 용서하는가.

* 가해자가 적절하게 사죄한다면 용서는 나의 도덕적 의무인
  가. 아니면 대가 없이 주는 선물인가.
* 용서는 사과·자비·동정·연민·잘못의 면제·깊은 회한·너
  그렇게 눈감아주기 등과 어떤 관련이 있는가. 용서는 정의
  와 어떻게 연관되는가. 특히 응보적retributive 정의와 회복적
  restorative 정의, 처벌의 문제 등과 용서는 어떤 관계가 있는
  가.
* '용서할 수 없는 것'이란 존재하는가. 그렇다면 그것은 무
  엇인가.
* 용서란 도덕적·영적 성숙에 반드시 필요한가. 또한 무엇이
  용서의 '이상적' 수준인가.
* 용서는 화해와 어떻게 연관되는가.
* 직접적 피해자가 아닌 제3자가 가해자를 용서하거나 혹은
  직접적 가해자가 아닌 사람이 피해자에게 용서를 구할 수
  있는가.
* 죽은 자를 용서하거나 죽은 자에게 용서를 구할 수 있는가.
  또는 자신의 잘못을 뉘우치지 않는 사람을 용서할 수 있는
  가.
* 자기 용서를 어떻게 이해할 수 있는가.
* 용서에 정치적 역할이 있는가.

용서에 대하여

2. 용서란 무엇인가: 용서의 정의

1) 용서와 분노는 양립할 수 있는가: 분노의 세 종류

18세기에 활동한 조지프 버틀러Joseph Butler는 용서에 관한 현대의 논의에서 주요한 단서를 제공한 인물로 간주된다. 1692년 태어나 1752년까지 살았던 버틀러는 영국 옥스퍼드대학교에서 문학과 법학으로 철학 박사 학위를 받았다. 그는 성공회 감독으로 활동한 신학자이자 철학자로서 '버틀러 감독Bishop Butler'으로도 알려졌다. 그의 철학은 데이비드 흄David Hume이나 애덤 스미스Adam Smith 등의 철학자들에게 중요한 영향을 미쳤으며, 특히 그가 롤스 교회 Rolls Chapel에서 했던 설교 15편은 풍부한 철학과 신학 사상을 담은 것으로 유명하다. 15편 중 특히 '분노 그리고 상처의 용서에 대하여'라는 제목으로 했던 설교 두 편은 모두 〈마태복음〉 5장 43~44절을 성서 본문으로 사용한다. 이 두 설교는 용서에 관한 다양한 논의에서 빈번하게 인용되곤 한다.[10] 버틀러의 글이 용서를 다룬 논의에서 주요하게 간주되는 이유는, 그가 용서와 분노를 연결해 이에 대한 복합적 논의를 전개했기 때문이다.

흔히 내게 상처를 주거나 잘못한 누군가를 용서하는 것은 그 사람에게 가졌던 분노를 모두 내버려야만 가능하다고 생각한다. 그런데 버틀러는 분노를 버리는 것이 용서에 반드시 필요한 것은 아니라고 강조한다. 용서와 '양립 가능한 분노'가 있고, '양립 불가능한 분노'도 있다. 버틀러의 이해는 용서와 분노의 관계에 대한 전통적 이해와는 다르다. 그는 '분노'의 다양성을 세밀히 분석하고, 분노와 용서의 양립 가능성을 새롭게 조명한다.

버틀러는 분노에 두 가지가 있다고 본다. 하나는 성급한 즉각적 분노이며, 또 다른 하나는 숙고된 분노다. 그런데 그의 논지를 면밀히 들여다보면 사실상 분노에는 세 가지가 있다고 생각하게 된다. 나는 분노를 다음과 같이 본능적 분노, 성찰적 분노, 파괴적 분노로 구분하고자 한다.

분 노

- 본능적 분노
- 성찰적 분노
- 파괴적 분노

〈분노의 세 종류〉

본능적
분노 _____

본능적 분노는 폭력이나 상처에 대한 동물적이고 본능적인 반응이다. 이러한 본능적 분노나 분개는 아이와 어른은 물론, 동물들에게서도 나타난다. 이는 자신에게 육체적 고통이 주어졌을 때 즉각 나타나는 반응으로, 도덕적 성찰이 개입되지는 않는다. 예를 들면 뱀이 개를 물려고 하면, 개는 본능적으로 뱀에게 으르렁거린다. 자신에 대한 공격에 본능적 분개를 드러내는 것이다. 인간도 자신에게 폭력이나 해가 가해지면 즉각 분노한다. 이처럼 자신에게 나쁜 일이 일어났을 때 동물처럼 본능적·즉각적으로 분개하는 모습은 인간에게서도 찾아볼 수 있다. 본능적 분노는 자신을 보호하려는 본능에서 유발되며 여기에는 어떤 성찰이나 윤리적 숙고도 굳이 개입되지 않는다.

성찰적
분노 _____

성찰적 분노는 어떤 잘못된 행위에 성찰적·도덕적으로 분개하는 것이다. 본능적 분노에 머물지 않고 분노의 원인을 사유하면서 그 분노가 과연 정당한지, 왜 그러한 분개의 감정을 품게 되는지 성찰하고 난 후에 생기는 분노다. 따라서 성찰적 분노는 본능적이고 즉각적인 분노와는 달리, 어떤 사건이나 누군가의 행위에 대한 부당함·불의함·불공평함 등의 윤리적 판단을 반영한다.

그런데 사람들은 폭설·지진·쓰나미 등 자연재해로 상처받고 극도의 피해를 입어도 그 자연재해에 윤리적 판단을 적용하는 식으로 성찰적 분노를 표출하진 않는다. 누군가의 '고의적 행동'으로 한 개인이나 집단이 부당한 피해를 입었을 경우에 한해 성찰적 분노가 생긴다. 인간으로서의 자긍심이 파괴되고 안녕이 위협을 받으면, 인간은 성찰적 분노를 하게 된다. 그런데 고의적 행위로 피해를 입었다고 해서 모두 동일한 성찰적 분노로 연결되지는 않는다. 피해자가 인식하는 데 따라 성찰이 없는 경우도 있다. 또한 피해가 일어난 구체적 정황에 따라 피해 상황에 대한 성찰적 분노 유무나 반응이 매우 다를 수 있다.

예를 들면 은행 강도 사건이 일어났다고 하자. '은행 강도'라는 행위 자체는 누구도 지지할 수 없는 사건이다. 사람들은 그 사건에 분노한다. 그런데 '누가', 그리고 '왜' 그런 '고의적 행위'를 했는가에 따라 사람들이 강도라는 비윤리적 행위에 대해 느끼는 분노의 형태가 달라진다. 테러리스트가 자금 마련을 위해 혹은 누군가가 사욕을 채우기 위해 강도 행위를 했다면 사람들은 성찰적 분노를 느낀다. 그런데 만약 테러리스트가 가족을 인질로 잡고 은행에서 현금을 빼내오지 않으면 가족 모두 죽이겠다고 협박하는 바람에 하는 수 없이 강도짓을 했다고 치자. 사람들은 동일한 행위인

데도 전자의 경우처럼 분노를 느끼지는 않는다. 이처럼 성찰적 분노는 분노의 대상과 분노하는 이유에 대해 반드시 윤리적·도덕적 판단을 분명하게 해야 할 경우에 해당된다.

성찰적 분노는 누군가 다른 사람을 비하하는 부당한 행동을 했을 때, 우선적으로 그 부당한 행동에 이의를 제기하고 항의하는 것이기도 하다. 예를 들면 누군가의 인종·성별·사회계층·성적 지향·생김새·육체적 또는 정신적 능력에 근거한 차별적 말이나 행동을 하는 것을 목격했을 때 옳고 그름에 따라 윤리적 판단을 하는 사람이라면 그 말과 행동이 자신을 향한 것이든, 타인을 향한 것이든 성찰적 분노를 느낀다. 성찰적 분노를 느끼면 피해 당사자는 우선 자기방어의 형태로 부당한 일에 맞서 이의를 제기하고 항의를 한다. 이러한 의미에서 볼 때 잘못된 일에 대한 항의에는 '자기방어' 또는 '피해자의 방어'라는 중요한 기능이 있다. 물론 여기서 '자기방어'는 육체적 방어를 뜻하기도 하지만 그보다 피해자의 자존감을 지켜낸다는 매우 중요한 의미가 있다.

이러한 맥락에서 볼 때 성찰적 분노를 통해 다음과 같이 중요한 이득을 유추해낼 수 있다. 첫째, 개인적 차원의 이득이다. 성찰적 분노는 폭력적 상황에서 개인을 보호하고 자기 존중감을 유지하게 한다. 자신에게 부당한 일이 일어났는데 아무 분노도 느끼지 못한다면, 이미 그 개인 안에 지켜낼 자존감이 남지 않았다는 뜻이다. 이러한 성찰적 분노의 과정에서 개인은 자신의 가치관이나 세계관을 조명하고, 더욱 확고하게 자신의 관점을 형성하는 경험을 할 수도 있다.

둘째, 공적 차원에서의 이득이다. 성찰적 분노를 통해 잘못된 일을 하는 가해자들을 윤리적으로 판단하고 그에 따른 처벌을 요구함으로써 '정의의 집행'이 가능하게 만들 수 있다. 이 같은 성찰적 분노는 잘못한 사람들을 처벌하는 동시에 이에 비추어 다른 사람들도 미래에 그러한 잘못을 저지르지 못하도록 모두를 보호한다. 즉 '정치적 올바름political correctness' 의식을 사회적으로 확산시키는 계기가 될 수도 있다.

파괴적
분노 _____

파괴적 분노는 본능적 분노나 성찰적 분노가 지나치게 커짐으로써 증오·원한·복수로 전이되는 것이다. 이렇게 변모되는 분노는 반反종교적이며 반反도덕적이다. 이러한 파괴적 분노야말로 용서와 양립할 수 없다. 성찰적 분노와 파괴적 분노를 혼동하는 경우가 많은데, 두 분노의 근본적 차이를 아는 것이 중요하다. 성찰적 분노는 '부당한 행동'이라는 행동 자체에 초점을 맞춘다. 반면에 파괴적 분노는 부당한 행동보다는 '행위자'를 향한다. 즉 부당한 행동을 한 사람에 대한 적개심과 증오로 전이된다. '나는 당신을

증오한다'라는 표현은 가능하지만, '나는 당신을 분노한다'라는
표현은 어법에 맞지 않다. 이런 맥락에서 볼 때 '나는 당신의 행동
에 분노한다'라는 표현이 적절하다. 다시 말하지만 파괴적 분노는
증오라는 형태로 나타나며, 행위가 아닌 행위자를 향하고, 행위자
의 존재 자체를 부정하는 방식으로 나타나기에 매우 파괴적이다.

　예를 들면 자신의 자녀가 다른 아이를 부당하게 괴롭히는 광경
을 목격했다고 하자. 그럴 때 아무리 자식을 사랑해도 그 부당함
에 성찰적 분노를 느낄 수 있으며 이는 윤리적으로 적절하다. 사
랑한다고 무작정 감싸면 아이는 자신의 행동이 옳지 않다는 것을
알지 못하게 된다. 또한 잘못을 지적하지 않으면 괴롭힘을 당한
아이 역시 자신이 뭔가 잘못해서 그런 일을 당했다고 생각할 수
도 있다. 이처럼 피해자가 자신에게 일어나는 부당한 일을 가해자
가 아닌 자신의 잘못으로 생각할 경우, 피해자는 무슨 일이든 자
신의 잘못으로 돌림으로써 '피해의 내면화'가 일어날 수 있다. 내
자녀의 잘못된 행동을 지적하지 않는다면 피해받은 아이가 겪는
어려움을 인정하지 않는다는 점에서도 옳지 않다. 그렇다고 이런
성찰적 분노의 도가 지나쳐 자녀를 향한 '파괴적 분노'로 전이되
어서도 안 된다. 아이의 잘못된 행위만을 지적해야지 잘못된 행
위를 아이의 전부로 만들어 아이의 존재 자체가 문제라는 식으로
반응해서는 안 된다는 말이다.

인종차별이나 성차별 등 다양한 사회적 차별을 접할 때 성찰적

분노를 표현하는 것은, 가해자나 피해자 모두에게 윤리적으로 적절하다. 그러나 그러한 차별적 행위를 한 사람의 존재 자체를 악마화하고 부정하면서 증오한다면 사회적으로 혹은 관계의 측면에서 많은 것을 파괴하고 결국은 자기 자신의 인간됨마저 파괴하는 매우 위험한 단계로 이어질 수 있다. 타자를 '악마화'하면 그 악마화된 타자에 대한 분노는 나의 내면에서 매우 부정적으로 작동된다. 결국 그러한 파괴적 분노 감정이 내면에서 부정적 에너지를 엄청나게 분출하면서 사실상 스스로의 인간됨에 손상을 입는다. "죄는 미워하되, 죄를 지은 사람은 사랑하라hate the sin, love the sinner"라는 성 아우구스티누스 말은 이러한 맥락에서 이해할 수 있다.[11] 성찰적으로 분노한다는 것은 '잘못'에 대해 분노해야 하며, 그 '잘못을 한 사람'을 악마화하고 증오해서는 안 된다는 뜻이다. 그런데 아우구스티누스의 이 말 자체도 그릇되게 쓰이는 경우가 많다. 현실 세계에서 '죄'와 '죄인'의 관계를 흑백으로 확연히 분리할 수 없는 경우가 많기 때문이다. 때로는 '죄를 미워한다'는 것은 결국 그 죄와 연관된 '죄인'의 존재 방식까지 부정하는 것으로 이어진다.

예를 들면 동성애를 '죄'라고 생각하는 사람이 있다면, 성 소수자는 자동으로 '죄인'이 된다. 이 경우 '죄'만 미워하고 '죄인'은 사랑한다는 것은 성립하기 어렵다. 동성애를 '죄'로 규정한다면 그 '죄인'을 '사랑'한다는 이름 아래 오히려 성적 지향을 '치료'하려하거나 강제적으로 바꾸려 하면서 그러한 억압성 모두를 '죄인을 사랑'하는 행위로 정당화할 수 있기 때문이다. 인공유산을 죄라고 생각하는 사람에게는 중절 수술을 받은 사람이나 시술한 의사 모두 죄인이 된다.

왜곡된 관점으로 타인을 '죄' 지은 '죄인'으로 규정한다면 여전히 그의 존재 방식이나 결정 자체를 부정하는 것이 된다. 결국 "죄는 미워하되, 죄를 지은 사람은 사랑하라"는 말을 잘못 적용할 때, 한 사람의 삶의 방식을 근원부터 부정적인 것으로 만들고, 그럼으로써 결국 자신과 삶의 모습이 다른 모든 사람에게 적용해야 할 정의와 평등의 가치도 왜곡한다. 그런 이유로 아우구스티누스의 이 말은 조심스럽게 적용해야 하며, 이 말을 모든 정황에 임의로 적용할 수는 없다는 것을 반드시 기억해야 한다. 인간은 사랑이란 이름으로 다양한 억압과 인권 유린을 저지른다. 부모는 자식을, 친구는 다른 친구를, 종교인들은 다른 종교인들을, 국가는 국민을 억압하고 배제하면서 이를 사랑이란 이름으로 정당화한다. 이 같은 맥락에서 "죄는 미워하되, 죄를 지은 사람은 사랑하라"라는 아우구스티누스의 말은 빈번하게 그 진의가 왜곡된다.

사회적 약자가 피해를 입은 사건을 접하고는 성찰적 분노와 파괴적 분노를 분리하지 못하는 사람들이 종종 있다. 이들은 종종 '약자와의 연대'니 '정의'니 하며 부당한 행동을 한 사람 자체를 악마화하고 그의 존재를 부정하며 증오를 표출하기도 한다. 특히 소셜 네트워크 서비스가 일상화된 현대 세계에서는 쉽게 이러한 증오의 확산이 일어난다. 부당한 행위에 대한 성찰적 분노가 그 행위자를 '악마화'한 다음 행위자에 대한 증오로 탈바꿈하는 것이다. 이렇게 잘못한 사람을 악마화하고 그 이미지를 고정할 때 아우구스티누스의 "죄는 미워하되, 죄를 지은 사람은 사랑하라"라는 말을 권고할 수 있다.

성별·인종·성적 지향·장애·사회적 계층 등에서 사회적 약자인 사람들이 피해를 겪을 때 이들과의 연대는 매우 중요하다. 그러한 연대를 통해서만 불의와 불공평이 개선되고, 정의로운 사회를 향해 한 걸음 더 나아갈 수 있기 때문이다. 그러나 이러한 연대가 종종 가해자에 대한 증오와 악마화로 이어지고, 성찰적 분노의 경계선을 넘어가면서 파괴적 분노로 변하는 것을 경계해야 한다. 본능적 분노와 성찰적 분노는 자연스럽고 순수한 열정이지만, 이 자연스러운 열정이 남용되고 악용되면 세 번째 유형인 파괴적 분노로 변질된다. 증오와 복수심이 파괴적 분노를 형성하며 버틀러는 바로 이 세 번째 유형의 분노를 경계하는 것이다.

분노에 대한 버틀러의 견해에는 특이한 점이 있다. 분노는 부정적인 것이며 반드시 버려야 할 감정이라는 것이 분노에 대한 전통적 관점이다. 버틀러는 전적으로 이와 다른 해석을 제시한다. 버틀러는 인간의 본능적 분노를 신이 부여했다고 본다. 자연스러운 감정으로서의 분노 자체가 악은 아니며, 분노는 순수한 것으로 오히려 창조주가 우리에게 준 것임을 강조한다. 분노는 불의·상처·포악함에서 우리 자신을, 그리고 다른 이들을 보호해주기 때문이다. 그러나 이러한 순수한 분노가 지나쳐 극단적 증오와 복수심 등 파괴적 양상을 띠면 '악'이 되고 만다.

2) 용서란 무엇인가: 용서의 두 모델

'용서란 무엇인가'라는 질문에 대한 단일한 답은 없다. 용서를 어떻게 이해하는가에 따라 답이 달라지기 때문이다. 용서를 이해하는 방식에는 대체로 두 가지 모델이 있다. 하나는 '단념 모델'이고 다른 하나는 '덕목 모델'이다. 용서라는 행위를 하려는 사람들은 우선 '잘못한 사람에게 느끼는 분노의 감정을 어떻게 해야 하는가' 하는 문제와 맞닥뜨린다. 진정으로 누군가를 용서하려면 내면에 있는 가해자에 대한 분노의 마음을 모두 포기하고 없애버려야 하는가, 아니면 분노의 마음이 있는데도 여전히 용서하는 것이 가능한가. 이 물음에 대해서는 용서가 무엇인가를 규정하고 '분노'와 '용서'의 관계를 어떻게 보는가에 따라 각기 다른 견해가 나오게 된다.

분노의 단념으로서의 용서:
단념 모델 _____

전통적으로 용서란, 우선 용서하는 사람이 분노를 단념하고 포기하는 것을 의미한다. 잘못을 저지른 사람에게 계속 분노를 느끼면서 그를 용서하기란 불가능하다는 것이다. 이를 이른바 '단념 모델'이라 부른다. '분노의 단념'을 용서로 이해하는 것이다. 많은 사람들의 용서에 대한 이해는 이런 단념 모델에 근거한다.

그런데 단념 모델은 인간이 느끼는 분노의 감정이 한 가지가 아니라 다양하다는 사실을 드러내지 못한다. 앞서 논의했듯이 분노의 층과 색채가 매우 다양하다는 것을 보지 못하고 인간이 느끼는 모든 분노의 감정이 하나의 똑같은 형태로 되어 있다고 전제한다. 각자가 지닌 분노의 감정이 모두 동일하다고 전제할 때 여러 한계와 맞닥뜨리게 된다. 우선 한 개인은 정황에 따라 매우 상이한 분노의 감정을 느낄 수 있다. 예를 들면 육체적 폭력을 겪을 때 느끼는 분노, 누군가가 내가 사랑하는 사람에게 위해를 가했을 때의 분노, 또는 특정한 사람이나 집단이 불의한 폭력이나 혐오의 대상이 되는 모습을 목격했을 때 한 인간으로서 느끼는 분노 등 분노에는 다양한 결이 있다. 그럼에도 이를 구분하지 않고 '용서란 분노를 단념하는 것'이라고 단일하게 규정하면 문제가 발생한다.

용서에 대한 전통적 이해, 즉 '용서란 분노를 단념하는 것'이라고 이해하는 데는 이처럼 한계가 있다. '분노의 단념으로서의 용서'는 분노의 종류가 다양하며, 그 분노의 다양성이 각기 다른 결과를 불러온다는 점을 드러내지 못하기 때문이다. 따라서 용서를 위해 반드시 포기해야 할 파괴적 분노가 있고, 포기하기보다는 오히려 비판적으로 성숙시켜야 할 성찰적 분노가 있음을 반드시 인지해야 한다. 용서를 '단념 모델'로 이해한다면 용서가 지닌 더욱 적극적 의미를 담지 못한다.

도덕적 의무로서의 용서: 덕목 모델 _____

단념 모델의 한계를 넘어서는 용서의 다른 모델이 바로 '덕목 모델'이다. 이 '도덕적 의무로서의 용서'에 대한 이해는 다음과 같은 몇 가지 전제에 근거한다. 첫째, 용서는 인간으로서의 의무다. 용서는 해도 그만 안 해도 그만인 선택의 문제가 아니라는 것이다. 불완전한 존재로서의 인간은 언제나 다양한 잘못을 저지를 가능성에 노출된다. 이에 따라 인간은 자신을 포함한 타자를 늘 용서할 수밖에 없다. 용서가 아닌 복수로 잘못에 대응하려 할 때 복수는 종종 복수 자체를 위한 것이 되고 결국에는 더욱 파괴적 결과를 낳는다. 증오와 복수가 보편적 자비와 연민이라는, 인간으로서의 도덕적 덕목과 의무의 실천보다 중요할 수는 없다. 물론 여기서 '의무로서의 용서를 진정한 용서로 볼 수 있는가'라는 문제가 제기된다. 이 문제는 5장에서 다시 자크 데리다의 관점을 통해 논의하겠다.

둘째, 타인을 용서하고 사랑과 자비를 베풀고자 하는 인류의 보편적 선의지와 분노는 양립 불가능한 것이 아니다. 인간은 타인의 잘못을 용서하고 자비를 베풀면서도 여전히 그 잘못에 분노를 느끼는 경우가 많기 때문이다. 그러나 그 분노가 타인을 향한 인간의 자비심을 파괴하는 '파괴적 분노'일 때, '도덕적 의무로서의 용서'와 양립할 수 없다. 이런 점에서 우리에게 잘못을 저지른 사람에 대한 모든 분노를 단념할 필요가 없다는 버틀러의 주장은 중요하다. 버틀러는 인간의 분노 같은 감정은 자신도 모르게 자연스럽게 생겨나며, 사실상 인간 자신이 마음대로 조정할 수 없다는 사실을 수긍한다. 인간은 기계가 아니며, 다양한 감정을 느끼는 존재라는 사실을 부정해서는 안 된다. 다만 그러한 감정의 하나인 분노가 증오나 복수심으로 변질되어 용서의 의무보다 더 강력하게 작동하지 않도록 경계해야 한다.

용서란 상처입은 피해자가 보이는 '윤리적 반응'이다. 부당한 상처를 입고 느끼는 분노는 인간으로서 최소한의 자기 사랑, 또는 자기 보호를 실현하기 위한 방어 기제이기도 하다. 그러므로 자신에게 가한 잘못에 대한 도덕적·윤리적 분노와 그 잘못된 행위를 한 가해자에 대한 용서를 분리할 수는 없다. 누군가 나를 부당하게 대하고 상처를 주는데도 아무런 분노를 느끼지 못한다면 용서가 이처럼 중요한 윤리적 결단이 필요한 주제로 등장할 필요도 없다. 피해자가 유아라서 언어로 자신의 감정을 표현할 수 없다든가, 정신적·육체적 장애가 있어 합리적 판단이나 직접적 감정 표현을 하기 어렵다든가, 정치적·종교적 이데올로기에 세뇌당해서 분노의 감정을 느끼는 것 자체를 거부한다든가, 감정적으로 지극히 무감각해서 무슨 일이 일어나든 수동적으로 받아들이는 경우라면 사실상 용서는 아무 의미도 지니지 못한다.

피해자는 자신이 겪은 부당한 일에 분노를 느끼고, 그 분노를 뛰어넘어 가해자에게 어떻게 반응할 것인가 하는 절실한 물음과 대면한다. 바로 이것이 용서가 필요한 정황이다. 상처나 부당한 대우를 아무렇지도 않게 넘겨버리거나 부당성을 외면하는 행위는 용서라 할 수 없다. 이러한 맥락에서 보면 기억상실이 용서와 같다고 할 수 없다. "용서의 전제조건은 단순히 분노를 포기하는 것"이라는 주장에는, 부당한 대우를 받았을 때 인간이 가져야 할 '윤리적 반응'으로서의 분노를 지나치게 단순화하거나 사소하게 본다는 한계가 있다. 분노가 파괴적 복수의 감정으로 전이되지 않는 한, 버틀러의 주장처럼 정당한 분노의 감정을 포기하지 않으면서도 가해자를 용서하는 것이 가능하다. 용서는 분노의 감정을 포기하는 것이 아닌 인간의 도덕적 의무이자 윤리적 반응이어야 하며, 가해자인 타자에 대한 연민의 감정으로 이뤄져야 하기 때문이다.

'도덕적 의무로서의 용서'에는 다음과 같은 세 가지 특징이 있

〈도덕적 의무로서의 용서 과정〉

다. 첫째, 파괴적 분노를 극복해야 한다. 즉 잘못을 저지른 사람을 악마나 적으로 보고 철저히 배제하려는 감정을 불러일으키는 파괴적 분노를 넘어서야 한다.

둘째, 잘못된 행위에 대해 분명한 도덕적 판단을 내려야 한다. 가해자에 대한 분노를 극복했다고 해서 무엇이 잘못인지에 대한 도덕적 판단까지 배제해서는 안 된다는 것이다.

셋째, 내면의 파괴적 분노를 자비와 연민의 감정으로 전이시켜야 한다. 자비와 연민의 감정을 가질 때, 잘못을 저지른 사람과 새로운 관계를 회복할 가능성의 문이 열린다. 물론 그런 가능성은 피해자와 가해자가 이전에 서로 어떻게든 관련이 있었는지, 아니면 아무 관계가 없는 사이였는지에 따라 달라질 수 있다. 가족이나 친구·동료·지인처럼 사건의 발생 후에도 지속해야 할 사이에서는 관계 회복이 문제가 된다.

도덕적 가치인 '도덕적 의무로서의 용서'의 핵심은 잘못을 저지른 사람에게 선한 의지 또는 연민이나 자비심을 갖는 데 있다. 이런 의미에서의 용서를 하는 사람에게는 다음과 같은 두 가지 변화가 나타난다. 첫째는 행동의 변화, 둘째는 마음의 변화다. 용서함으로써 잘못한 사람을 대하는 용서자의 행동이 바뀐다. 잘못한 사람을 악마화하기보다 인간으로서의 불완전성과 그가 태어나면서 가지고 있었을 선한 품성의 가능성을 인정할 때, 용서하는 사람의 태도가 달라진다. 이러한 용서의 과정에서 외면의 행동뿐 아니라 내면세계, 즉 마음에서도 가해자를 향한 감정 변화가 생긴다. 이처럼 용서는 피해자와 가해자가 서로를 대할 때 드러나는 행동뿐 아니라 서로에게 느끼는 마음의 변화도 수반한다.

자신도 한 인간으로서 다양한 단점을 지닌 존재라는 사실, 그리고 선악이 모두 혼합된 존재라는 사실을 받아들일 때 비로소 가해자를 '악마'가 아닌 한 '인간'으로 보게 되며 연민의 감정과 용서의 마음을 갖게 된다. 이런 면에서 볼 때 우리는 마음속 감정을 올바르게 조정하기 위해 부단히 노력해야 한다. 자신 속에 생겨나는 분노의 감정 자체가 나쁜 것은 아니며, 그 감정을 적절히 바로잡고 조정하는 것이 중요한 용서의 과정이다.

여기서 기억할 중요한 점은, 용서의 품성을 지닌 사람일지라도 언제나 용서를 하는 것은 아니라는 사실이다. 때로는 보류해야 할 용서도 있다. 우리는 종종 인간이 설정된 장치에 따라 항상 동일하게 움직이는 기계가 아니라는 매우 당연한 사실을 잊을 때가 있다. 인간의 감정과 품성이란 언제나 하나로 고정되지 않는다는 것을 기억해야 한다. 이른바 용기 있는 사람이라고 해서 언제 어디서나 앞장서서 행동하는 것은 아니며, 마음이 따스한 사람이라고 해서 누구에게나 그 따스한 품성을 발휘하는 것도 아니다. 베풀기 좋아하는 사람이라고 해서 늘 아낌없이 주는 것도 아니다. 즉 한 인간이 특정한 상황에서 자비·연민·너그러움·따스함 등의 품성을 보였다고 해서 그 품성이 절대적으로 고정된 것은 아니다. 반대로 공격성이나 폭력성을 내비치는 사람이라고 해서 그가 언제나, 누구에게나 그런 폭력성을 드러내는 것도 아니다. 이 같은 맥락에서 볼 때, 용서에 대한 성찰에는 늘 인간에 대한 복합적 이해가 수반되어야 한다. 또한 한 인간에 대한 전적인 미화나 이상화, 반대로 전적인 악마화는 적절하지 않을 뿐 아니라 위험하기까지 하다.

3) 용서자의 자기 사랑과 자기 안녕

용서를 단지 마음의 상태를 바꾸는 경험으로만 본다면 이때의 용서는 어떤 의미에서는 기독교 전통에서 말하는 '회심의 경험'과 매우 유사하다. 그런데 용서하는 사람이 자신의 마음에서 근원적 변화, 즉 회심을 경험해야 용서가 가능하다고 보는 데는 한계가 있다. 마음 상태의 변화는 용서의 '필요조건'이지 '충분조건'은

용서에 대하여

아니기 때문이다. 도덕적 가치로서의 덕이 있다는 말은 용서하는 사람이 잘못을 저지른 사람에 대한 올바른 도덕적 판단을 내리는 동시에 스스로 올바르게 행동하고 느끼는 것을 의미한다. 가해자에 대한 태도만이 중요한 것이 아니라, 용서하는 사람 스스로 자신을 사랑하고 스스로의 안녕을 생각하면서 그 잘못에 실천적으로 반응해야 한다. 가해자를 향한 파괴적 분노의 감정을 벗어나 연민과 자비의 마음으로 가해자를 용서하는 것만으로는 충분하지 않다는 것이다.

바로 이것이 용서를 다룬 다양한 이론이 놓치기 쉬운 지점이다. 용서를 받는 사람뿐 아니라 용서하는 사람이 자신의 안녕과 자신에 대한 사랑을 지켜나가는 것이 '도덕적 의무로서의 용서'가 놓쳐서는 안 될 중요한 점이다. 무조건적 용서가 용서하는 사람의 삶을 위협하거나 파괴한다면, 그 용서는 건강한 관계 회복으로 이어질 수 없다.

예를 들면 장기간 가정 폭력의 희생자였던 사람이 가해자를 용서했는데, 피해자는 용서한 후에도 여전히 폭력에 시달릴 수 있다. 이 경우 '덕으로서의 용서'는 피해자가 폭력 희생자의 삶에서 벗어나지 못하게 막는 '위험한 덫'이 된다. 그런 측면에서 볼 때 용서를 위해서는 복합적 정황 판단을 하고 그에 따라 적절한 행동을 할 필요가 있다. 가부장제 사회에서 살아가는 많은 여성들은 남성에게 부당한 일을 당하고도 분노하며 그 상황을 개선하려고 노력하기보다 폭력을 감내하고 산다. 이들은 고도의 남성 중심적 사회에서 내면화된 자기 비하와 열등감 때문에 자신이 겪는 부당한 차별과 억압을 극복할 용기를 내지 못하고, 스스로 부족하고 문제가 있다고 자책하며 수동적으로 당하고 만다. 이렇게 가부장제 사회에서 이미 철저한 자존감의 부재를 겪는 여성들에게 용서를 강요한다면 오히려 이것이 악용될 소지가 있다.

또한 사랑·희생·인내 등의 종교적 미덕을 오용하는 종교 지도자들이 폭력에 인내해야 한다고 가르치는 경우도 있다. 이처럼 가부장제 사회의 종교 지도자들이 경전의 말을 들어 철저한 여성 비하와 남성 중심성을 드러내는 현실에서, 용서라는 덕목이 오용되고 남용되는 것을 언제나 비판적으로 경계해야 한다. 그런 측면에서 용서하는 사람은 사회적·종교적 관습으로 용서가 강요되는 것은 아닌지 경계해야 하며 최소한의 자기 사랑과 자기 존중을 갖추어야 한다. 나아가 용서의 행위는 용서하는 사람의 자기 사랑과 존중의 의미를 더욱 강화하는 방향으로 이어져야 한다.

4) 용서에서 판단해야 할 다섯 가지

앞서 말했던 것처럼 용서는 언제나 특정한 정황에서 이루어진다.

따라서 모든 상황에 적용할 수 있는 단일한 내용의 용서는 없다. 그러므로 용서의 행위를 다음과 같은 다섯 가지 측면에서 진지하게 성찰하고 올바른 판단을 내려야 한다.

용서의 적절한 대상 _____

용서할 때 제일 먼저 생각하고 판단할 점은, 용서하려는 대상을 올바로 규정하는 것이다. 용서할 대상이 불분명하거나 적절치 않게 설정된다면, 용서라는 중요한 행위와 덕목이 잘못 행사되는 결과를 초래한다. 그런데 사람들은 타당한 근거 없이도 누군가를 못마땅하게 여기고 그들에게 분노를 느끼면서도 그 사람을 용서한다고 말하는 경우가 있다.

예를 들면 A는 부모가 자기보다 형을 사랑한다고 느끼면서 이 사실에 분노한다. A는 자기보다 잘생기고 공부도 잘해서 언제나 주변 사람들에게 칭찬받는 형 때문에 자신이 피해를 입었다고 여긴다. 이 경우 A의 형은 A에게 직접 가해 행위를 하지는 않았다. A는 그저 형을 시샘할 뿐이다. 이때 A가 형에 대한 분노의 마음을 거두기로 작정했다고 해서 A의 형이 '용서 대상'이 되는 것은 아니다. A가 자신을 '피해자'로 생각하는 것은 매우 주관적인 일이며, A의 형이 직접 가해를 하지는 않았기 때문이다. 따라서 A의

형은 적절한 '용서 대상'이 아니다. 이처럼 적절한 '용서 대상'이
누구인지 판단할 필요가 있다.

용서의 적절한
정도 ─────────

적절한 대상이 분명해지고 난 후에는 용서의 '적절한 정도'를 생
각지 않을 수 없다. 용서를 한다고 해도 용서자의 마음속에 남을
수 있는 분노, 또 연민과 자비의 감정이 어느 정도일지 가늠하기
는 참으로 어렵다. 용서하는 사람이 연민이나 선한 의지를 드러
내려면 자신 속에 여전히 남아 있는 분노를 억눌러야 한다. 반대
로 그 분노만을 앞세우면, 용서에 필요한 연민의 감정이 생길 수
없다. 그러나 파괴적 분노가 아니라면 무조건 분노를 억눌러서는
안 된다. 본능적 분노나 성찰적 분노까지 무작정 억누르면 용서하
는 사람 자신의 안녕과 행복한 삶의 추구를 외면하는 결과를 낳
을 수 있다. 그런 의미에서 볼 때 성찰적 분노를 더욱 성숙시켜야
한다. 성찰적 분노는 잘못된 사건에 대해 그것이 왜 잘못이고, 왜
이런 일이 일어났으며, 어떻게 반복되지 않을지 복합적으로 보고
이해하게 만들기 때문이다. 사람 속에서 생기는 분노나 연민 등의
감정은 온도계처럼 객관적 수치가 있지 않기에 기계적으로 조정
할 수 없다. 그러기에 용서하는 사람 스스로 용서의 '적절한 정도'

용서에 대하여

를 성찰하는 것이 중요하다.

용서의 적절한
시기 _____

적절한 대상과 정도가 분명해지면, 그다음으로 용서할 적절한 시기를 생각해야 한다. 앞서의 본능적 분노·성찰적 분노·파괴적 분노라는 세 가지 종류의 분노에 대한 논의에서 보듯이 내게 벌어진 잘못된 일에 '본능적 분노'와 '성찰적 분노'를 느끼는 것은 중요하다. 그러한 분노는 자신의 안전과 안녕을 지키기 위해 반드시 필요하기 때문이다. 안전을 위협받거나 위협적 상황이 지속되리라는 생각 때문에 불안하다면 아직 용서를 위한 '적절한 시기'가 되었다고 볼 수 없다. 예를 들면 데이트 상대방이 폭력을 행사했다고 하자. 그런데 폭력 사건이 벌어지고 나서도 데이트를 할 때마다 안전에 위협을 느끼고 불안하다면 폭력을 행사한 가해자를 용서하기에 적절한 시기라고 볼 수 없다. 자신의 안녕을 지킬 수 있다는 확신이 들 때 피해자 스스로 자발적으로 적절한 용서의 시기를 결정해야 한다. 이를 외부에서 타자가 강요하거나 대신 결정해줘서는 안 될 노릇이다.

용서의 적절한
동기 _____

그런데 용서는 기계적으로 이루어져서는 안 되며, 용서의 동기가 무언지 분명히 규명해야 한다. 자신의 안녕과 행복을 위협하는 가해자의 행위에서 피해자는 분노를 느낀다. 그 분노 너머의 용서는 단지 '용서를 위한 용서'가 되어서는 안 되며, 피해 상황이 종결되고 치유되어 더 나은 삶으로 나아가기 위한 것이어야 한다. 이처럼 '용서 자체'가 용서의 동기가 될 수는 없다. 보상에 대한 기대 역시 마찬가지다. 사람들에게 좋은 사람이라고 칭송받는 등의 사회적 보상이든, 용서함으로써 복을 받고 천국에 가는 등의 종교적 보상이든 여타 보상이 동기가 될 때 용서는 이미 그 진정성을 상실한다. 이렇게 계산된 용서는 '교환경제로서의 용서'가 되어버린다. 용서가 의미 있으려면 새로운 삶, 새로운 관계, 새로운 미래를 향한 발걸음이라는 동기가 있어야 한다. 이처럼 진정성을 지닌 용서는 결코 쉬운 것이 아니다. 따라서 용서의 진정성을 확보하려면 그 적절한 동기를 스스로 조명하고 찾아낼 수 있어야 한다.

용서의 적절한
방식 _____

용서의 적절한 방식은 무엇인가. 용서하는 사람은 언제나 자신에게 벌어진 잘못된 일에 분노할 줄 알아야 한다. 이는 반드시 유념해야 할 사실이다. 분노가 전혀 없다면 사실상 용서할 필요도 없다. 한편 자신에게 잘못을 저지른 사람과 그 잘못에 대한 분명한 도덕적 판단이 없는 것도 문제가 된다. 자신의 안전과 안녕을 보호하는 데 작동해야 할 분노의 감정을 모조리 버리며 용서하는 것 역시 적절한 방식은 아니기 때문이다. 성찰적 분노는 가해자를 악마화하지 않으며, 가해자에 대한 연민이나 자비의 마음과 서로 충돌하지 않음을 기억할 필요가 있다. 따라서 여러 개별적 정황에 따라 용서의 적절한 방식을 고민해야 한다. 이러한 의미에서 용서-행위란 매 정황마다 유일하게 벌어지는 사건이라고 할 수 있다. 용서가 요청되는 정황에 따라서 용서의 '적절성'이 매번 다른 모양으로 구성될 수 있기 때문이다.

5) 용서, 선택인가 의무인가: 용서의 도덕적 위치

용서가 무엇인지 규정하는 데는 여러 관점이 있다. 용서를 우리가 선택할 수 있다고 보는 관점이 있는가 하면, 용서는 '선택'의 문제가 아니라 '의무'라고 보는 관점이 있다. 피해 상황에서 벗어나 옛날과 다른 삶을 살기 위해 과거를 정리하는 피해자는 이런 의미에서 용서를 할 수도 있다. 즉 피해자는 상처받은 감정을 치유하고 증오와 분노로 가득 찬 삶에서 벗어나 자신의 삶을 새로이 시작하고자 가해자를 용서하겠다는 생각을 할 수도 있다. 그런데 이같은 용서의 도덕적 위치는 어디인가. 만약 용서가 인간의 도덕적 의무라면 어떻게 될까. 해도 그만 안 해도 그만이라면 의무라고 할 수 없다. 용서가 의무라면 우리는 무조건적으로 용서하지 않을 수 없다. 용서가 '선택'이 아닌 '의무'라고 할 때, 사실상 다양한 감정을 느끼며 살아가는 우리에게 용서는 참으로 감당하기 쉽지 않은 것으로 다가온다.

용서의 도덕적 위치는 대개 세 가지 범주로 분류된다. 그 어느 것도 완벽하지는 않다. 우리들 각자는 이처럼 상이한 견해들의 강점 그리고 약점이나 한계를 잘 생각해보면서 구체적 정황에서 자신의 견해를 선택하거나 각각의 견해를 절충할 필요가 있다.

선택으로서의
용서 _____

첫째로 용서를 '선택'의 문제로 보는 관점을 살펴보자. 이러한 관점에서는 용서를 인간이 반드시 지켜야 할 도덕적 의무의 범주에 넣을 필요가 없다고 본다. 용서의 문제는 우리에게 패러독스로 다가오기 때문이다. 잘못한 사람이 진정으로 참회하거나 진심 어린

용서에 대하여

마음의 변화를 보이지도 않는데 용서한다면 도덕적으로 올바른 것인지 의문이 생긴다. 한편 잘못을 저지른 사람이 진정으로 참회했다면 용서가 도덕적으로 불필요해 보인다. 용서는 단지 잘못한 사람의 참회를 수용하는 것 이상이기 때문이다. 잘못한 사람이 참회할 때 이를 받아들이는 것이 곧 용서는 아니며, 사실상 참회를 받아들이는 데는 굳이 용서의 개입이 필요 없다.

선택으로서의 용서가 지닌 또 다른 종류의 패러독스가 있다. 만일 용서가 선택이라면 용서를 받을 만한 사람만 용서하고 싶은 마음이 들 것이다. 그런데 이 같은 용서는 지극히 최소한의 용서를 의미할 수밖에 없다는 한계가 있다. 그럼에도 어쨌든 선택으로서의 용서라는 관점에서 보자면, 용서란 의무가 아니라 전적으로 우리의 선택이다. 그 선택에 따라서 각자는 '참회하지 않는 사람' 또는 '용서할 수 없는 사람'까지도 용서할지 말지를 자율적으로 결정한다. 이러한 관점에서 보자면 그 누구도 용서를 의무로 요구할 수 없으며, 어떤 방식으로든 용서를 도덕적 의무의 범주에 넣어서는 안 된다. 따라서 용서란 모든 정황에서 해야 하는 의무가 아니며, 어떤 경우에는 용서가 도덕적으로 부적절할 때도 있다. 용서의 적절한 시기와 조건이 맞을 때 비로소 도덕적 의무로서 용서의 의미가 성립할 수 있다.

조건적인 도덕적
의무로서의 용서 _____

둘째, 용서가 '조건적인 도덕적 의무'라고 보는 관점을 알아보자. 이러한 관점에서는 특정한 요건이 성립되어야만 용서가 도덕적 의무가 될 수 있다고 본다. 이때 용서하기 위한 기본 전제가 있다. 잘못한 사람의 진정한 참회가 있어야 한다는 점이다. 이때의 참회는 말만이 아니라 가해자의 마음의 변화와 동시에 행동과 태도의 변화가 수반되는 것이어야 한다. 말로는 진정으로 참회한다고 하면서 다양한 방식으로 폭력적 언행을 지속하는 사람을 용서한다면, 이때의 용서는 오히려 미래에 더욱 잘못된 결과가 나올 잠재성을 무시함으로써 그 잘못을 허용하는 결과를 낳는다. 가해자가 아무런 참회나 후회를 하지 않는다면, 그리고 이전과 유사한 방식으로 다른 사람에게 잘못을 저지른다면, 용서는 부적절한 것이 되고 용서하는 사람에게도 해를 끼칠 수 있다. 용서하는 사람은 피해 상황의 반복되는 순환 고리를 완벽히 차단하지 못함으로써 또다시 피해자가 되는 상황에 자신의 삶을 방치하는 결과를 불러올지도 모른다.

잘못한 사람의 진정한 참회, 그다지 심하지 않은 도덕적 상처, 충분한 세월의 흐름 등 용서를 위한 적절한 조건이 형성되었을 때 도덕적 의무로서의 용서는 의미를 지닌다. 이처럼 도덕적 의무로서의 용서가 요구되는 경우도 있고, 용서가 오히려 부적절하다고 비난받는 경우도 있다. 용서가 전적인 선택은 아니라 해도, 적어도 그 용서를 온전히 성취하기 위한 시간과 공간, 조건이 마련되도록 허용해주어야 한다는 것이다. 그러므로 이 조건적 의무로서의 용서라는 관점에서 보면, 용서하는 것이 잘못일 경우도 있고, 용서하지 않는 것이 잘못일 경우도 있다. 용서는 참으로 바람직하지만, 용서하지 않는 것 또한 받아들일 수 있어야 한다.

무조건적인 도덕적 의무로서의 용서 _____

셋째, 용서를 '무조건적인 도덕적 의무'로 보는 관점을 가진 사람들을 생각해보자. 이들은 앞서 언급한 버틀러처럼, 예수Jesus Christ의 "이웃과 원수를 사랑하라"는 명령을 그 근거로 삼는다. 평범한 삶을 살아가는 사람들에게 이는 참으로 납득하기 어렵다. 도대체 내가 '이웃'으로 생각하는 사람뿐 아니라 '원수'로 생각하는 사람까지 사랑해야 하는 이유는 무엇인가. 또한 '사랑한다'는 건 구체적 현실에서 무엇을 의미하는가. 나에게 해를 끼친 이른바 '원수'를 증오하지 말고 사랑하라는 것은, 사실상 가장 적극적 차원의 용서를 의미한다.

'원수-사랑'의 과정을 생각해보자. 내게 '원수'인 사람을 '사랑'하는 것은 도대체 어떻게 가능한가. 이의 실현을 위해서는 먼저 그 '원수'를 용서하는 것이 선결되어야 한다. 용서하지 못하고 받아들이지 못한다면, 즉 그 사람을 여전히 '원수'로 생각한다면 사랑의 단계로 전이할 수 없기 때문이다. 이러한 의미에서 원수를 사랑하라는 예수의 가르침은 사실상 사랑만이 아니라 가장 적극적 의미의 용서에 대한 것이기도 하다.

용서가 선택의 문제가 아니고 누구나 따라야 할 법과 의무라는 이러한 관점을 다음과 같이 설명할 수 있다. 용서가 인간의 두 가지 품성과 연결된 양심을 재현하는 것이라고 상정할 때, 용서란 지키기 어렵지만 반드시 지켜야 할 절대적인 도덕적 의무가 된다. 그 두 가지 품성 중 하나는 '자기 사랑'이며 또 다른 하나는 '타자에 대한 연민'이다.

첫째, 용서에서 자기 사랑은 참으로 중요한 개념이다. 물론 자신을 사랑하는 것이 무엇인가, 이는 복잡한 문제다. 또한 우리의 일상 현실에서 '이기적인 것'과 '자기-사랑'의 경계를 가늠하기란 매우 어렵다. 따라서 자기 사랑이 무엇인지에 대해 여러 가지 의견이 있는 것도 당연하다. 그런데 누구나 동의할 수 있는 자기 사랑의 내용이 있다. 바로 자신의 안전과 안녕에 대한 합리적 관심이다. 자신을 사랑하지 못하는 사람이 타자를 배려하거나 사랑하기란 불가능하다. 진정한 자기-사랑과 긴밀히 연계되어 있어야만 타자-사랑의 진정성도 작동될 수 있다. 그 타자 속에서 자신을 바라볼 수 있기 때문이다. 그렇지 않을 경우 부모는 '사랑'이란 이름으로 자식을 자신의 소유물로 삼아 결국 식민화하고, 아내는 남편을, 남편은 아내를 소유하려 하면서 '집착'을 사랑으로 착각하곤 한다. '나'의 평화, 안전, 안녕이 소중한 만큼 '너'의 평화, 안전, 안녕이 중요하다는 사실을, 자기-사랑을 경험하고 실천하지 않는 이들이 인식하기란 참으로 어렵다.

둘째, 타자에 대한 선한 의지로서 자비심을 갖는 것은 인간을 인간으로 만드는 중요한 품성이다. 자신에 대한 사랑만 있고 타자를 선한 의지로 대하지 못한다면, 그때의 자기 사랑은 자기중심적 이기심에 머물고 만다. '이기주의적 자기 사랑'과 '진정으로 건강한 자기 사랑'의 경계가 바로 여기에 있다. 이 세상 누구도 외딴섬처럼 고립되어 살아갈 수 없다. 이 같은 인간 삶의 조건은 자기 사랑이 결국은 타자에 대한 배려와 관심, 자비로까지 연결되어야 한다는 것을 의미한다. 타자를 향한 선한 의지는 대상에 따라 달리 적용되거나 내가 좋아하는 사람에게만 선별적으로 행사되는 것이 아니다. 오히려 나에게 잘못을 저지른 사람에게까지 이 의지를 적용해야 한다는 것을 의미한다. '용서하는 정신'을 자기 안에서 기르고 지녀야 하는 것이 절대적으로 필요한 이유다.

그런데 여기서 두 가지 점을 기억해야 한다. 첫째, 용서란 일회적이지 않으며 다양한 단계를 거치며 이루어진다. 인간은 버튼만 누르면 단번에 용서가 가능해지는 기계 같은 존재가 아니다. 용서는 다층적인 내면의 갈등을 거치며 서서히, 조금씩 시작되기에 일회적인 것이 아니며 따라서 점진적으로 진행된다. 둘째, 잘못한 사람을 용서한다는 것이 곧 그 사람을 감정적으로 좋아한다는 말을 의미하지는 않는다. 그러기에 "이웃과 원수를 사랑하라"는 말 역시 이웃과 원수 모두에게 애정을 느껴야 한다는 말이 아니다. 사랑에 다양한 형태와 단계가 있듯이 용서에도 다양한 형태와 단계가 있다. '원수 사랑'에서의 '사랑'과 잘못을 저지른 사람에 대한 '용서'는 특별한 형태의 애정을 요구하지 않으며, 따라서 반드시 사적인 친밀함이 필요한 것도 아니다. 다만 인간으로서의 '보편적 선한 의지'를 보일 뿐이다. 이것이 '무조건적인 도덕적 의무로서의 용서'라 할 수 있다.

무조건적인 도덕적 의무로서의 용서를 할 때, 다양한 단계의 용서와 그에 상응하는 다양한 형태의 관계가 가능하다는 사실을 인지해야 한다. 그러나 용서했다고 해서 가해자와 관계를 지속해야 하는 것은 아니다. 용서란 특정한 정황에 민감한 문제임을 반드시 기억해야 한다. 예를 들어 가장 친한 친구라고 생각했던 사람이 나를 매우 악의적으로 비방했다고 하자. 그렇다면 참으로 고통스러운 그 배신을 '친구로서' 용서해주어야 할 도덕적 의무가 내게 있는가. 특히 친구나 배우자 등 특별한 관계에 있는 사람들과의 용서와 관련해 가장 크게 염려되는 것 가운데 하나는 '가해자와의 관계를 지속해야 하는가'라는 문제다. 여기서 분명한 것은 용서는 도덕적 의무지만, '관계 유지 여부'는 의무가 아닌 선택의

용서에 대하여

문제라는 점이다. 그 같은 맥락에서 용서를 할 때는, 용서하는 사람이 가해자와 계속 특별한 친분을 유지할 것인지 먼저 생각해보아야 한다. 가해자가 참회를 하기는커녕 지속적으로 잘못을 저질러 피해자에게 자신이 입은 심한 상처가 치유되지 않았다는 느낌을 준다면 이미 친구로서의 관계를 유지하는 것이 불가능해진다. 그렇다고 해도 여전히 '동료 인간'으로서의 관계는 남는다.

모든 비도덕적 행위는 잘못한 사람과 공동체 사이에 '도덕적 관계 단절'을 불러온다. 우리는 잘못을 저지른 사람과의 관계에서 돌연한 파열을 경험한다. 하다못해 가해자를 이전에는 아무 관계도 없었던 사람으로 치부하거나 그 사람을 동료 인간, 이 우주에 속하는 가족, 신의 자녀, 또는 이 지구에 함께 거주하는 동료 인간이라 인식할 때도 그러한 관계 단절을 피할 수 없다. 용서란 상호 관계에서의 돌연한 파열을 넘어, 다시 최소한의 도덕적 관계망을 회복하고 그 안에서 상대방을 받아들이는 것을 의미한다.

지속적 과정으로서의 용서: 용서의 원 _____

이제까지 살펴보았듯이 용서가 인간의 도덕적 의무인지, 아닌지 판단하는 데는 세 가지 관점이 있다. 그런데 이 세 가지 관점 가운데 무엇을 택할지 판단하기는 쉽지 않다. 이 중 어떤 것도 절대적으로 맞거나 틀리지 않으며, 저마다의 의미에서 옳은 것으로 보이기 때문이다. 나는 이렇게 각기 달라 보이는 관점이 사실은 상충하는 마음의 결을 보여준다고 생각한다. 따라서 이 세 가지 관점 가운데 반드시 하나를 선택해야 하는 것은 아니다.

그런데 여기서 기억해야 할 점이 있다. 용서는 단번에 이루어지지 않고 여러 가지 수준과 단계를 거치며 이루어지는 과정이라는 점이다. 지속적 과정이라는 의미는, 기계적으로 일시에 이뤄지지 않고, 아주 작은 점에서 시작해 조금씩 점진적으로 '용서의 원'을 확장하는 과정이라는 뜻이다. 그러한 확장을 거쳐 보일 듯 말 듯했던 '용서의 점'이 조금씩 커지고, 절대 불가능하다고 생각했던 용서의 끈이 아주 조금씩 풀리기 시작해서, 결국에는 가장 이상적인 '무조건적 용서'의 단계로 나아갈 수 있다. 용서를 '무조건적인 도덕적 의무'라고 보는 관점은, 인간이 궁극적으로 나아가야 할 용서의 차원을 제시한다는 점에서 중요하다.

그런데 강간범이나 연쇄살인범 등의 범죄자들도 용서의 대상이 된다는 말은 절대 불가능한 이야기로 들린다. 이러한 '인도주의적 용서'는 인간이 잘못을 저지르는 존재인 동시에 선한 일을 할 역량도 있는 존재라는 사실을 받아들이는 데서 출발한다. 인간의 이러한 상충적 모습을 인정하는 것은 최악의 잘못을 저지른 사람에게도 선한 품성이 있다는 사실을 받아들이는 것이다. 즉 그들도 '나쁜 일을 하는 능력'뿐 아니라 '선한 일을 할 능력'을 지닌 존재로서의 인간이다. 따라서 용서받지 못할 일을 저지른 이들도 '도덕적 주체자'로서 의미가 있다. 이러한 의견에 대해서는 두 가지 반응이 있다.

첫째는 '용서할 수 없는 사람'에 대한 전형적 묘사로, 이런 사람의 내부에서는 너무나 많은 것들이 이미 도덕적으로 황폐되었다. 따라서 이런 사람은 선행을 할 가능성이 전혀 없으며 악행만 저지른다는 것이다. 이들에게는 용서는 물론이려니와 분노조차 적용할 가치가 없다는 반응이다.

그런데 이런 경우에도 다른 가능성을 배제해서는 안 된다는 측면에서 두 번째 반응이 나온다. 이렇게 '악마' 같은 사람, 그 속에 인간적 면은 모두 사라졌을 법한 '괴물' 같은 사람에 대해서는 사실상 매우 부정적 차원에서만 이해할 수 있다. 이렇게 타인을 악마화하고 비인간으로 취급할 때 결국 우리는 스스로의 인간성을 상실하게 된다. 극단적 상황에서도 인간이 선악을 모두 행할 수 있는, 두 가지 잠재성을 지닌 존재라는 사실을 근원적으로 부인해서는 안 된다는 반응이다.

잘못을 저지른 사람을 용서하기 전에 '도대체 왜 용서해야 하는가?'라고 자문하게 된다. 용서를 다룬 대부분의 논의에서는 잘못된 어떤 일 때문에 파괴되고 깨어진 것을 재정립하고 회복시키는 것을 용서의 목적으로 제시한다. 이렇게 특정한 목적을 이루기 위한 것이라는 의미에서 용서를 '목적론적'으로 보는 관점이 있다. 이런 목적론적 관점은 철학적 관점에서, 또는 용서를 신에 의한 구속이란 의미와 연계하는 기독교 전통에서도 핵심 요소가 된다. 즉 용서 자체에 의미가 있다기보다는, 용서는 도덕이든 구속이든 어떤 특정한 목적을 이루기 위한 행위라는 것이다. 이는 용서에 대한 통상적이고 표준적인 이해를 보여준다.

관계가 깨어졌든, 피해자의 삶이 깨어졌든, 그 깨어짐을 회복하려면 피해자가 가해자를 도덕적으로 면밀하게 판단해야 한다. 즉 무조건적 용서가 자동적 회복을 가져오지는 못한다는 말이다. 가해자를 도덕적으로 판단한 후에 피해자는 자신이 느끼는 분노의 정도와 수위를 조절하기도 한다. 그렇다고 해서 용서가 말 그대로 모든 것의 원상 복구와 깨어진 것들의 완전한 회복을 의미하지는 않는다. 또한 실제적 변화가 없는 형이상학적 회복만을 의미하지도 않는다. 용서를 통해 피해자는 오히려 가해 행위가 빚어낸 상처나 피해에서 자기 자신을 재정립하고 자존감을 확고히 하면서, 자신의 삶을 더욱 주체적으로 만들어가려는 의지를 굳건히 해야 한다. 이로써 상처와 관계의 단절 때문에 훼손되고 왜곡되었던 피해자의 자기 이해가, 용서의 과정을 거치며 더욱 온전하게 재정립될 가능성이 열린다고 볼 수 있다. 가해자의 관점에서 보면 가해자는 어떤 방식으로든 자신의 잘못을 용서받기를 원한다, 그 용서가 피해자와의 화해를 위한 것이든, 신에게 속죄받기 위한 것이든.

피해자든, 가해자든 가장 분명하고 중요한 용서의 목적 가운데 하나는 '인간관계 유지'다. 용서는 삶에 온통 자리 잡은 내부의 부정적 감정을 떨치고 피해자가 새로운 삶으로 나아가도록 한다. 가해자에게 느끼는 극도의 부정적 감정은 짐작하는 것 이상으로 의식과 무의식 세계에서 중요한 삶의 에너지를 파괴하면서 피해자의 삶에 영향을 미치기 때문이다. 이러한 의미에서 볼 때 용서는 가해자와 피해자의 삶이 상호 연관됨을 재확인하는 과정이기도 하다. 설령 가해자가 피해자와 직접적 관계가 없는 사람들이었고, 용서 후에도 관계가 이어질 가능성이 전무하다 해도, 누군가에 대한 적개심을 간직하며 살아가거나 타자를 전적으로 악마화한다면 가해자는 물론 피해자 자신에게도 파괴적 결과를 불러온다.

3. 용서의 조건과 과정

용서를 한다는 것이 부당한 행위에 대해 묵인하는 것이 아님을 기억해야 한다. 용서가 부당한 행위에 대한 묵인, 망각, 또는 합리화로 혼돈되어 이해되는 경우가 많기 때문이다. 용서의 대상은 '행위'가 아니라, 그 행위를 한 '사람'이다. 용서를 부당한 행위에 대한 묵인이나 망각으로 혼돈할 경우, 피해자가 경험한 상처와 피해가 제대로 인식되지 못할 뿐만 아니라, 가해자가 유사한 행위를 다시 반복하게 할 수 있다. 만약 피해자가 자신에게 가해진 부당한 행위를 묵인하는 의미에서 용서를 한다면 윤리적 덕으로서의 용서가 될 수 없으며, 이는 윤리적 판단이 개입된 의미에서의 용서라는 이름을 붙일 수 없는 행위다. 이처럼 용서라는 이름으로 사실상 부당한 행위를 묵인하는 경우, 피해자 자신만이 아니라 다른 피해자가 다시 양산될 가능성까지 묵인하는 결과를 낳기도 한다.

흔히 '가정의 평화'를 위해서 또는 '공동체의 평화'를 위해서 '죄를 미워하되 죄인은 미워하는 것이 아니'므로 '그저 용서'하고

'다 잊으라'며 망각을 권고하는 경우들이 많다. 이러한 정황에서 용서가 강요되고 피해자가 마지못해 '용서한다'고 하는 것은 종종 '가해자 감싸기'가 되고, 가해자가 유사한 행위를 반복할 가능성을 높인다. 흔히 가해자가 여러 가지 의미에서 권력을 가진 사람이고, 반대로 피해자에게는 아무런 권력이 없을 때 용서의 이름으로 다양한 폭력들이 묵인된다. 그렇다면 '용서받는 것'은 무엇을 의미하는가. 용서받는 것에 전제조건이 있는가.

용서가 하나의 사건이라면 이때 피해자와 가해자에게 일어나는 변화는 상호적이다. 그렇다고 해도 이때의 용서 사건에서 양축은 비대칭적이라고 할 수 있다. '상호적이지만 비대칭적'이라는 특성을 지닌 용서에서, 우선 용서를 받는 대상인 가해자의 변화가 왜 필요한지 가늠해보는 것은 중요하다. 왜냐하면 가해자의 변화는 용서 사건에서 가장 중요한 용서의 토대를 마련하는 경우가 많기 때문이다.

용서를 '구하는 것'과 용서를 '하는 것'은, 언제나 사람 간의 관계에서 일어나기에 사회적인 문제다. 가해자가 피해자에게 용서를 구하고자 한다면 그 용서의 전제조건이 성립되어야 한다. 그런데 이러한 용서의 전제조건들이 성립되었다고 해서, 용서가 당연한 귀결점이 되는 건 아니다. 가해자는 용서의 전제조건들을 성립시켰다고 해도, 상처받은 피해자의 분노의 마음이 변화되고 기꺼이 용서할 의지가 생길 때까지 기다려야 한다. 피해자가 아닌 가해자 또는 주변 사람들이 피해자에게 용서를 강요해서는 안 된다. 여기서 용서에는 두 사람 사이에서 일어나는 것이라는 '상호성'이 있음에도 '비대칭적'인 특성이 생겨난다. 이러한 상호성과 비대칭성을 생각하면서 용서의 조건과 과정을 세 부분으로 살펴보자.

1) 가해자: 용서를 구하는 자의 변화

첫째, 가해자는 잘못한 사건에 책임감을 느껴야 한다. 자신의 행위가 옳지 않았고 자신에게 행위에 대한 책임이 있다는 점을 인식해야 하며 이를 확인할 수 있어야 한다. 이 같은 가해자의 책임의식이 부재하다면 주어진 용서에는 '묵인'의 의미만이 남는다.

둘째, 가해자는 자신의 행위가 왜 옳지 않았으며, 무엇이 잘못이었는지 분명히 인식해야 한다. 그리고 다시는 그러한 행위를 되풀이하지 않겠다고 약속할 수 있어야 한다. 잘못된 행위를 스스로 비판한다는 것은, 가해자가 이제 그 잘못을 행한 사람과 '동일한 사람'이 아님을 드러내는 것이다. 어떤 의미에서 이는 매우 불가능한 결합으로 보인다. 즉 X라는 행동을 한 사람이 그 행동에 책임을 지는 동시에, 그러한 행동을 한 자신을 비판하고 부정해야만 비로소 새로운 사람이 되는 것이다. 그렇다고 해서 이것이 '그 행

용서에 대하여

동을 한 사람은 진짜 '나'가 아니라고 잘못한 '나'를 정신분열적으로 단순하게 부정하는 것은 아니다. 그러한 행동을 한 '이전의 나'에 대한 '윤리적 판단'이 먼저 필요하다. 그런 다음에는 그 행동에서 무엇이 잘못되었는지 인지하고, '과거의 나'를 비판적으로 넘어 '새로운 나'가 되려는 의지를 가져야 한다. 인간은 늘 잘못을 저지를 가능성이 있으며, 자신의 행동에 대한 진지한 윤리적 성찰은 매우 중요하다.

셋째, 가해자는 자신의 잘못을 분명히 인지하고 이를 피해자에게 직접적으로 표현해야 한다. 이 후회는 단순하게 일반화한 '잘못'이 아니라 구체적 정황에서 구체적 내용을 지닌 것이어야 한다. 또한 스스로의 내면에서 혼자 잘못을 후회하는 것이 아니라, 자신의 행동으로 피해를 입은 피해자에게 그 후회가 전달되어야 한다. 이런 의미에서 볼 때 '기억'은 용서에서 매우 중요한 요소가 된다. 과거의 기억이 언제나 자명하지는 않다. 하나의 사건이 벌어진 시공간에 여러 사람이 함께 있었는데도 하나의 사건에 대한 각자의 개별적 기억이 서로 다른 경우가 얼마든지 있다. '누구의 기억'이 더 분명하고 진실에 가까운지 가늠해내는 건 용서의 과정에서 매우 중요하다.

넷째, 가해자는 앞으로 상처를 입히지 않겠다는 분명한 의지를 가져야 하며, 그러한 의지는 말뿐 아니라 행동으로 나타나야 한다. 상처를 준 '과거의 자신'과 뚜렷하게 불연속성의 경계를 보여야 하며 말과 행동을 통해 피해자가 이를 믿게 해야 한다. 이렇게 상처를 준 사람은 이른바 '입증 책임'을 질 수밖에 없다. 용서라는 행동은 누군가를 설득하려는 수사적 의미만을 갖는 것이 아니며 감정의 변화에 관한 문제만도 아니다. 용서를 구할 때는 필수적으로 가해자의 믿을 만한 변혁이 동반되어야 한다. 이러한 맥락에서 볼 때 용서는 묵인과는 근본적으로 다르다는 사실이 분명해진다. 잘못된 행위에 대한 가해자의 책임과 변화 과정을 요구한다는 점에서 '용서'라는 행위는 도덕적 행위가 된다. 반면에 '묵인'은 잘못된 행위를 책임지겠다는 성찰도, 새로이 변화된 모습에 대한 기대도 존재하지 않는 맹목적인 감성적 행위일 뿐이다.

다섯째, 가해자는 자신의 관점이 아닌 '피해자의 관점'에서 자신의 행위로 인해 피해자가 어떤 피해와 상처를 받았는지 이해한다는 사실을 보여주어야 한다. 피해자의 관점에서 사건을 이해하려 한다는 것은, 우선 피해자의 말과 경험을 진지하게 그리고 연민의 감정을 가지고 경청해야 한다는 것을 의미한다. 여기서의 '연민'은 '동정'과는 다르다. 영어로 '연민'을 'compassion'이라고 하는데, 이는 '함께 고통받음suffer-with, com-passion'을 의미한다. 가해자는 자신이 피해자의 처지가 되어 피해자가 경험한 고통·아픔·상처를 '함께' 경험하고자 노력해야 한다.

가해자는 이러한 연민과 공감을 경험하면서, 자신이 그처럼 고통과 상처를 주게 된 이유를 피해자에게 전달하는 데 최선을 다해야 한다. 그리고 올바르지 않게 행동한 모습은 자신의 '전체' 모습이 아니며, 그처럼 잘못된 모습을 개선할 의지가 있다는 것을 피해자에게 알려주어야 한다. 상처받은 피해자의 '도대체 이 사람은 누구이며 왜 내게 이러한 상처를 주는가?'라는 물음에 응답할 수 있어야 한다는 것이다. 가해자는 피해자의 이러한 물음을 이런저런 변명을 늘어놓거나 그럴듯한 핑계를 대어 무마하려 해서는 안 된다. 자신이 왜, 어떤 정황에서 그런 잘못을 저질렀는지 정직하게 털어놓고, 잘못을 자각하고 책임지는 자세로 피해자와 의사소통할 수 있어야 한다. 이러한 맥락에서 볼 때 잘못을 저지른 사람이 아무런 문제의식도 없고 그 행동에 대한 책임의식이 부재하다면 피해자의 용서도 진정한 의미를 담지 못한다. 용서의 행위가 가해자나 피해자의 삶에 의미 있는 변화를 가져오지 못하는 것이다.

물론 모든 가해자가 피해자의 용서를 구하지는 않는다. 그렇다면 용서를 구하는 가해자들은 왜 용서받으려고 할까? 죄책감에서 벗어나기 위해서라는 것이 이 물음에 대한 가장 전형적 대답이다. 양심과 도덕적 성찰은 죄책감을 불러온다. 그러므로 양심이나 도덕적 성찰이 결여된 사람은 극심한 가해를 하고도 굳이 자신의 행위에 용서를 구하지 않는다. 동시에 사회적 차원에서 보면, 사회 공동체와의 관계에서 배제되지 않고, 다시 그 도덕 공동체의 일원으로 남고 싶어 하는 내면적 욕구가 용서를 구하는 행위를 더욱 촉발한다고도 할 수 있다.

2) 피해자 : 용서하는 사람의 변화

그렇다면 용서하는 사람으로서 피해자에게는 어떤 변화가 있어야 할까. 용서를 구하는 가해자가 용서받기 위한 조건 모두를 충족시키는 변화를 이루었다고 해서 저절로 용서가 가능해지지는 않는다. 용서는 두 사람 간의, 또는 두 집단 간의 관계에서 상호적인 과정임을 다시금 상기해보면 용서를 구하는 가해자의 변화뿐 아니라, 용서하는 피해자의 변화도 필요하다. 예를 들면 가해자가 용서받기 위해 요청되는 다섯 가지 조건 모두를 충족시켰다고 가정하자.

가해자 A는 피해자 B에게 용서를 구하러 갔다. 그런데 B는 A가 앞서 예시한 다섯 가지 조건들을 다 충족시키고 변했는지에는 하나도 관심이 없다. B는 무관심한 말투로 이야기한다. "알았어요. 신경안정제를 먹어서 마음이 편하니 이제 당신을 용서하지요. 과거에 신경 안 쓰기로 했거든요. 잘 가요." 이때의 피해자는 용서하는 사람으로서의 변화를 경험하지 않은 상태에서 사실상 용서를 '던져버린 것'이나 마찬가지다. 이럴 경우 진정으로 용서했다기보다는 그 가해자를 묵살했다고 볼 수 있다.

진정한 용서가 가능하려면 가해자와 피해자 모두의 변화가 요구된다. 피해자 속에 가해자에 대한 복수심 등의 파괴적 분노 또는 가해자를 여전히 악마처럼 보는 시선이 남았다면 용서는 불가능하다. 따라서 피해자의 용서에 선행되어야 할 전제조건은 다음과 같다. 피해자는 자기 내부에 남았을지 모를 파괴적 분노를 제거하고, 가해자 속에서 선한 품성을 지닌 인간의 모습의 발견할 여지가 있어야 한다. 가해자를 악마로 여기는 것은 선한 품성과 악한 품성이라는 양면성 모두를 지닌 인간을 이해하지 못했기 때문이기도 하다. 또한 피해자는 '피해자 의식'에서 벗어나 자기 삶에 대한 책임의식과 새로운 삶을 만들어가겠다는 변화의 '주체자agent 의식'을 분명히 해야 한다. 이는 진정한 용서에서 요청되는 용서하는 사람의 변화라고 할 수 있다.

3) 용서의 완성: 다섯 단계

용서하는 행위에는 사실상 용서하는 사람의 의지와 노력이 필요하다. 즉 용서는 자동으로 쉽사리 되는 것이 아니라는 말이다. 말로는 용서했다고 하면서 가해자에게 그의 잘못된 행위를 계속 상기시킨다면 그 용서는 '실패한 용서'다. 이 경우, 피해자의 용서 행위는 모욕이자 조작된 속임수가 될 수도 있다. 이때의 용서는 결국 '보복의 도구'로 변질되어버리고 만다. 진정으로 용서했다면 이미 보복의 감정도 버렸을 것이다.

'용서의 완성'은 채권자가 채무자가 갚아야 할 빚을 단숨에 탕감해주는 것에 비유할 수 있다. 탕감 후에도 두고두고 그 빚을 언급하는 것은 채무자를 굴욕적으로 만들며, 사실은 진정한 탕감이라고 볼 수 없다. 이러한 맥락에서 볼 때 용서의 완성은 다음 다섯 가지 단계를 통해서 이루어진다고 할 수 있다. 첫째, 가해자에 대한 본능적 분노나 파괴적 분노의 감정을 포기하기. 둘째, 도덕적 빚을 탕감하기. 셋째, 가해자와 적어도 '중성적' 관계를 회복하기. 넷째, 가해자를 정죄하는 판단을 말소하기. 다섯째, 가해자의 죄를 용서하겠다고 선언하기.

피해자들에게 가장 힘든 단계는 마지막 단계로 가해자에 대한 새로운 시각을 형성하는 것일 수 있다. '행위'와 '행위자'를 분리해서 생각한다는 건 그만큼 어려운 일이기 때문이다. 앞서 언급한 아우구스티누스의 "죄는 미워하되, 죄를 지은 사람은 사랑하라"는 말은 종종 대중적으로 오역되었다. '행위'를 '행위자'에서 분리해야 한다는 뉘앙스를 띤 이러한 아우구스티누스의 논리는 자칫하면 행위자를 무책임하게 만드는 결과를 낳지 않을지 염려스럽다. 그런데 이러한 '아우구스티누스적 원리'가 지닌 복합적 의미를 생

파괴적 분노의 제거	⇨	도덕적 빚의 탕감	⇨	가해자에 대한 새로운 시각 형성	⇨	가해자에 대한 정죄적 판단의 말소	⇨	가해자에 대한 용서 선언

〈용서의 완성 – 다섯 가지 단계〉

각할 때 이 말이 단순하게 '행위자'의 책임을 방기하는 것이 아님을 알 수 있다. 과거에 일어난 행위에 대한 분노는 그 행위에 담긴 불의와 부당함에 대항하겠다는 저항의 의미를 지닌다. 과거의 행위가 과거뿐 아니라 현재를 위협할 수 있기 때문이다. 그렇다고 과거의 행위에 행위자를 절대적으로 묶어놓고 행위자를 모든 부정적인 것의 총체로 만든다면, 행위자가 자신의 행동을 후회하고, 개선하고, 새로운 존재로 자신을 만들어갈 가능성까지 모두 부정하는 결과를 낳는다.

"죄는 미워하되, 죄를 지은 사람은 사랑하라"는 말을 용서에 적용할 때 '인간이 누구인가' 하는 매우 중요한 물음을 숙고하게 된다. 용서가 인간의 삶에서 중요한 것은 '불완전한 존재'인 인간의 실존적 조건 때문이다. 이 '불완전한 존재'로서의 인간은 자신은 물론 타자들에게 상처를 주기도 하고 받기도 한다. 동시에 이러한 불완전함은 인간이 끊임없는 형성 중에 있는 존재라는 것을 보여준다. 절대로 변하지 않는 고정된 존재로서의 인간은 한 명도 없다. 즉 인간은 수없는 한계와 단점, 악한 품성을 지닌 존재인 동시에 선한 의지를 실행함으로써 새로운 존재로 변화될 수 있는 가능성을 지녔기에 그가 범한 잘못된 '행위(죄)'에 '행위자(죄인)'를 절대적으로 밀착해 '악한 사람'이라는 표지를 영구화하고 절대화해서는 안 된다.

한 인간으로서 살아간다는 것은 '함께 살아감'을 의미한다. 인간은 나 아닌 다른 사람들과 함께 살아가는 존재다. 나 아닌 타인도 언제나 새로운 존재로 변화될 가능성이 있는 존재라는 사실을 긍정해야만 한다. 그렇지 않다면 서로 상처를 주고받는 불완전한 존재들이 모여 무수한 시행착오를 범하면서 만들어가는 이 세상의 미래에 어떤 희망도 가지기가 어렵다. 이러한 맥락에서 보면, 용서하는 사람이 가해자에 대한 인식을 새롭게 구성하는 것은 용서에 대한 마지막 단계다. 또한 이는 심리학적 문제라기보다 존재론적·윤리적 문제라고 할 수 있다. 즉 단지 심리적으로 편안해지겠다는 치유의 목적으로 가해자에 대한 부정적 생각을 바꾸는 것이 아니라, 인간의 조건과 특성을 성찰한 결과, 그들 속에 있는 새로운 변화의 가능성을 인정하고 받아들인다는 의미에서 존재론적·윤리적 문제라고 할 수 있다.

3장

용서의 종류

용서는 일상에서 많이 쓰는 말이어서 자칫 용서의 의미나 종류가 단순하고 쉽게 알 수 있는 것이라고 착각하기 쉽다. 하지만 사실 용서는 인간 삶의 다양한 정황과 연계된 매우 복잡한 개념이다. 한나 아렌트Hannah Arendt에 따르면 인간 삶에는 중요한 두 가지 요소가 있다. 하나는 인간의 '용서할 수 있는 능력'이다. 이로써 인간이 되돌리거나 바꿀 수 없는 과거의 비극적인 일에서 그 과거를 구해낼 수 있다. 또 다른 하나는 미래가 비록 불확실성을 지니고 있다고 해도 그 미래에 대한 약속에 자기 자신을 연결해놓고 살아간다는 점이다. 이러한 미래에 대한 약속은 한 개인이 고립된 존재가 아니라 이 세계와 다양한 방식으로 연결된 삶을 살아가는 존재라는 점을 의식하게 한다. 과거와 미래에 대한 자세는 결국 지금 우리가 살아가는 현재를 구성하며 이는 중요한 의미를 갖는다.[12]

용서란 언제나 과거의 일들과 연결된다. 인간의 '용서할 수 있는 능력'에는 나 아닌 타자를 용서하는 능력뿐 아니라, 자기 자신을 용서하는 능력이 포함되어 있다. 또한 개인적 용서뿐 아니라 집단적 용서도 이에 포함된다. 한 개인이 연결된 관계망의 서클을 그려보면 용서의 종류를 가늠해볼 수 있다. 다음 도표를 보면 자기 자신에 대한 용서, 타자와의 관계에서의 용서, 공동체적·집단적 용서, 신의 용서라는 종교적 차원으로까지 용서의 범주가 확산된다.

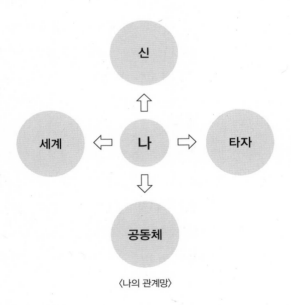

〈나의 관계망〉

용서에 대하여

1. 자기 용서

한편으로 나는 나를 결코 용서하지 못한다.
그런데 또 다른 한편으로는 나를 언제나 용서한다…
나는 나 자신과 혼자가 아닌 것이다.
- 자크 데리다

인간은 완벽한 존재가 아니라는 어찌 보면 매우 자명한 이 표현
은, 인간은 그 불완전성으로 인해 자신이나 타자들에게 상처를 주
기도 한다는 것을 의미한다. 인간이 약점을 지닌 존재라는 점, 타
자나 환경에 상처받기 쉬운 존재라는 점, 공동체에서 남들과 상호
의존적으로 살아야 하는 존재라는 점은 여러 가지 측면에서 용서
에 대해 진지하게 생각해보아야 할 이유가 된다

그런데 인간은 자기 자신을 용서할 수 있을까? 자크 데리다는
다음과 같이 답한다. "한편으로, 나는 나를 결코 용서하지 못한다.
그런데 또 다른 한편으로는 나를 언제나 용서한다."[13] 매우 역설

적으로 보이는 이 답변은 '나는 누구인가'라는 근원적 물음에 대해 생각하게 한다. '언제나 자신을 용서하는 나'와 '나 자신을 결코 용서할 수 없는 나'라는 두 가지 상충적 모습이 한 사람의 내면에 동시에 존재한다. 이어서 데리다는 "나는 나 자신과 혼자가 아니다"라고 말하면서, '나'가 하나가 아닌 여럿이라는 점을 강조한다. 내가 나를 용서할 때, 그 '용서하는 나'를 돕는 다른 내가 있다. 이와 동시에 나를 용서하지 못하는 나에게는 나를 결코 용납하거나 '용서하지 못하는 또 다른 나'가 있는 것이다. 이처럼 때로는 한 인간 속에서 상충하기도 하는 다양한 '나'의 모습을 인지하고 받아들이는 것은 참으로 중요하다. 다양한 모습의 '나'를 알아차리지 못할 때 분열증적 고통을 경험하기 때문이다. 인간은 지속적 삶과 생존을 위해서 끊임없이 자신을 용서해야 한다. 자신을 '결코' 용서할 수 없는 나와 자신을 '항상' 용서하는 나, 이렇게 각기 다른 '내'가 '나' 속에서 공존하며, 이 두 모습의 '나' 사이에서 건강한 긴장을 유지하고 성찰의 공간을 가질 수 있어야 한다.

얼핏 들으면 자기 용서라는 말은 개인의 단독 행위로 생각된다. 그런데 개인이 자신을 용서하는 행위는 사실상 다양한 요소가 서로에게 영향을 미치면서 자신을 세상과 서서히 연결하는 과정이다. 이 점을 고려할 때, 자기 용서가 전적으로 단독적 행위라고는 할 수 없다. 자기 용서가 시작되는 초기에는 삶이 뭔가 근원적으로 잘못되었고, 자기 자신과 타자들에게 소외되었다는 느낌

용서에 대하여

을 받는다. 대부분의 사람들은 이에 대해 자신이 한계와 약점이 있는 불완전한 인간이며, 그러기에 언제나 남들과 상호 의존하는 존재라는 사실을 부정하는 식의 초기 반응을 나타낸다. 한편으로는 소외되고 조각난 듯한 삶에서 벗어나 그 깨어짐이 회복되는 '온전한 삶'을 열망하는 강한 욕구가 솟아나기도 한다. 이렇듯 상충적인 두 현상이 공존하는 가운데 서서히 삶의 균열을 치유해가면서 온전함을 회복하려는 자기 용서의 과정이 시작된다. 이러한 의미에서 볼 때 자기 용서란 자기 자신, 타자, 세상에서 소외되고 차단된 느낌에서 벗어나 점차 편안함을 느끼는 단계로 옮겨가는 것이다.

1) 자기 용서의 종류

다른 종류의 용서와 마찬가지로, 자기 용서 역시 언제나 오용의 위험이 있다. 예를 들면 종교 지도자나 정치 지도자들이 진정으로 잘못에 대한 책임을 지기보다는 마지못해 그 잘못을 용인하는 의미에서 자기 용서를 하는 경우다. 종교 지도자의 횡령 사건이나 성적 스캔들이 밝혀질 때 그들이 사용하는 자기 용서의 레토릭은 대부분 다음과 같은 두 가지다. 첫째, 성서를 인용해 "인간은 그 누구도 의인이 없으며 모든 사람이 죄를 짓는다"[14]면서 종교 지도자인 자신도 "신이 아닌 인간이기에 잘못을 저지를 수 있다"는 점을 강조하는 것이다. 둘째, "회개하는 사람은 신이 무조건 용서하신다"면서 자신은 회개했으므로 용서받았다고 주장하는 것이다. 공개적으로 회개하면서 신이 용서하신 것처럼 자신도 스스로를 용서하며, 더불어 인간인 당신도 마땅히 종교 지도자인 자신을 용서해야 한다는 태도다. 이 같은 자기 용서의 레토릭은 자신에게 득이 되는 것은 확장하고 자신이 잘못한 것은 묵인하는 식으로 남용된다. 이렇게 왜곡된 자기 용서는 '신의 용서'라는 종교적 용서의 형식을 차용하면서, 결국은 무비판적인 자기 용서의 행위를 정당화한다.

그러나 이처럼 다양한 방식으로 남용되고 오용될 가능성에 노출되어 있다 해도, 자기 용서는 여전히 매우 중요한 의미를 지닌다. 자신을 용서하지 못할 경우 도덕적으로나 심리적으로 매우 심각한 상태가 되기 쉽다. 심리적으로는 심각한 자기 불신에 휩싸이고, 극도로 자존감이 저하되면서 결국은 자기 파괴 상태에 이른다. 도덕적인 관점에서 보아도 피해의식과 열등의식 때문에 올바른 도덕적 판단을 내리고 행동의 주체자로서의 살아가기가 힘들어진다. 이러한 의미에서 볼 때 자기 용서에 남용과 오용 위험이 도사린다 할지라도 이는 비판적 자기 성찰이 요구되는 매우 중요한 주제라 할 수 있다.

용서에 대하여

그렇다면 자기 용서가 요청되는 상황은 어떤 때일까? 다음 세 가지 상황에서 자기 용서의 필요성이 제기된다고 할 수 있다. 첫째, 자신이 타자에게 상처를 준 경우. 둘째, 자신이 스스로에게 상처를 준 경우. 셋째, 어쩔 수 없는 극단적 상황에서 벌어진 일 때문에 자신이나 타자에게 상처를 준 경우다.

타자에게 상처를 준 경우 _____

첫째, 타자에게 상처를 준 경우에 요청되는 자기 용서다. 이 경우의 자기 용서는 '제3자에 의한 용서'와 유사하다. 즉 타자에 대한 나의 가해로 피해자가 생겼을 경우의 자기 용서는, 어떻게 보면 가해자와 피해자 사이에서 '내'가 마치 제3자처럼 놓인 경우기 때문이다. 이때 다음과 같은 세 가지 결과가 있을 수 있다. 첫째, 피해자가 가해자인 나를 결코 용서하지 않을 경우. 둘째, 피해자가 죽거나 심하게 다쳐서 가해자인 나를 용서할 수 없는 상황일 경우. 셋째, 용서의 조건이 성립되어야만 피해자가 가해자인 나를 용서하겠다고 하는 경우다.

피해자가 어떻게 대처하는가와는 상관없이 가해자인 내가 스스로를 먼저 용서하는 일방적 자기 용서는 사실상 진정한 자기 용서의 범주에 들어가기 어렵다. 첫 번째 경우처럼, 피해자가 가해자인 나를 결코 용서하지 않을 경우, 가해자의 자기 용서는 '근사치적 용서'라 할 수 있으며 온전하고 총체적인 용서가 되기 힘들다. 또한 두 번째 경우처럼, 피해자가 정신이상이 되거나 죽거나 다쳐서 이미 용서할 위치에 있지 않을 경우에도 자기 용서는 '불완전한 용서'일 수밖에 없다. 세 번째 경우는 더욱 희망적이다. 적절한 용서의 조건이 성립되면 가해자를 용서할 수 있다는 것은, 용서의 조건을 성실하게 마련하게 함으로써 가해자가 용서받도록 하려는 피해자의 의지를 보여준다. 이렇게 해서 가해자에게 용서를 받으면 나의 자기 용서 또한 가능해진다. 이때 용서의 순서가 바뀌어서는 안 된다. 즉 피해자는 용서하지 않았는데 가해자가 스스로를 벌써 용서했다면, 아무리 신실하게 사과하고 용서를 구할지라도 가해자의 태도는 피해자에 대한 존중이 결여된 형식적인 것일 수 있다. 반면 피해자가 용서했지만 가해자 스스로 자기 용서를 하지 못하는 경우도 있는데 자기 용서는 피해자의 용서 후 가해자에게 일어나야 할 중요한 용서의 과정이다.

자신에게
상처를 준 경우 _____

둘째, 자신에게 상처를 주었을 경우의 자기 용서다. 그런데 스스로에게 상처를 주는 것이 가능할까. 대답은 '그렇다'이다. 여기에는 두 가지 경우가 있다. 첫째, 타자에게 상처를 주는 식으로 그릇된 행동을 한 자기 자신에게 상처를 주는 것이다. 둘째, 피해자가 외부인이 아니더라도 스스로에게 상처를 줄 수 있다. 예를 들면 마약 중독, 알코올 중독, 게임 중독에 빠지거나 끝없이 시간을 낭비하면서 습관적으로 할 일을 못하고 마는 것이다. 이 모든 것은 결국 스스로에게 상처를 입히는 일이다. 이런 일들이 반복될 때 자기 존중, 자존감, 자기 신뢰가 깨어지고 자신에 대한 불신과 혐오에 이르기까지 한다.

자신에 대한 '연민'은 타자에 대한 연민만큼이나 중요하다. '연민'은 영어로 'compassion'인데 이는 '함께 고통을 받는다suffer-with'라는 의미다. 그러므로 자신에 대한 연민을 갖는다는 것은 자신의 고통과 괴로움에 '함께 고통스러워한다'는 의미로 해석될 수 있다. 스스로에게 상처 주는 자신을 질책하고 심판할 것이 아니라 함께 고통을 나누면서 약점과 단점을 끌어안아야 한다. 그러한 연민의 과정을 통해 비로소 이런저런 상처를 지닌 자신을 받아들이고, 새로운 미래의 나를 향해 작은 발걸음을 뗄 수 있다.

통제 불가능한 상황에서 상처를 받는 경우 _____

셋째, 어쩔 수 없는 상황에서 상처를 받았을 경우 필요한 자기 용서다. 인간으로서 도저히 견딜 수 없는 처지에서, 즉 스스로 감당하기 어려운 상황에 놓여 부득이하게 저지른 잘못에 대한 용서다.

예를 들면 전쟁포로로 잡힌 사람이 극심한 고문을 당하다가 견디다 못해 동료의 이름이나 군사기밀을 누설하고 훗날 죄책감으로 괴로워하는 경우다. 육체적·정신적 한계로는 극복이 불가능한 가혹한 고문을 반복적으로 당할 경우, 인간은 어쩔 수 없이 원치 않던 잘못된 행동을 하기도 한다. 그러고 난 다음 스스로에 대한 원망·후회·자책은 자기혐오로 이어지고 이를 견디지 못하면 자살을 기도하기도 한다. '자기-배반의 죄책감'에서 벗어나 인간으로서의 한계를 지닌 자신에게 연민을 가지고, 죄책감으로 점철된 과거의 감옥에서 단호히 벗어나야 한다. 이로써 새로운 현재를 창출해야 하며 이런 스스로를 받아들이려면 자기 용서가 절실히 요청된다. 이런 의미에서 볼 때 자기 용서는 인간으로서의 자기 연민의 행위와 함께한다고 볼 수 있다.

2) 실존적 문제로서의 자기 용서

평범한 사람들이 자기 용서라는 문제를 생각하는 경우는 많지 않다. 평소에는 별로 관심을 두지 않았던 자기 용서가 특별한 사건

용서에 대하여

이나 계기에 의해 별안간 또는 서서히 심각한 문제가 된다. 예를 들면 자기 자신은 물론 주변 사람이나 이 세상에서 단절되고 소외되었다는 생각이 들 때, 또는 스스로 보잘것없거나 나쁜 사람이라는 생각이 들어 열등감이나 깊은 불만에 사로잡혀 살아갈 때 서서히 자기 용서라는 문제가 등장한다. 또는 타자에게 명백히 나쁜 짓을 했을 때 스스로 인식하건, 하지 못하건 자기 용서가 중요한 문제로 나타난다. 즉 자신의 삶에 무언가 근원적 문제가 있다고 느끼면서 그 문제들의 정체가 무엇인지 고민하기 시작할 때, 그 개념에 대한 직접적 인식이 있든 없든 간에 비로소 자기 용서는 중요한 주제로 등장한다. 자신에 관한 아무런 문제의식이 없거나 아예 자기 성찰을 해본 적이 없는 사람에게는 사실상 자기 용서가 아무런 실존적 이슈도 될 수 없다.

　자신의 삶에 문제가 있다는 사실을 부정하거나 회피할 수 없다는 사실을 느끼기 시작할 때 자기 용서에 대한 성찰이 시작된다. 외면적 사건 때문에 혹은 철저히 내면적인 것에 의해서도 무언가 잘못되었다는 인식이 촉발될 수 있다. 예를 들면 가족의 자살, 사고 등 사랑하는 사람을 잃는 예상치 못한 위기를 경험함으로써 인간은 자신의 한계를 인식한다. 그리고 그러한 한계 상황은 삶의 위기로 이어지기도 한다. 혹은 외면적으로는 그다지 특별하지 않은 평범한 삶의 변화가 한 인간의 내면에서 새로운 물음을 만들어내고 이것이 삶에 대한 위기의식으로 이어지기도 한다. 이로써

'자기 자신'을 어떻게 해야 하는가 하는 광범위한 의미의 자기 용서에 대한 성찰이 시작된다.

그런데 자기 용서에 있어서 기억해야 할 중요한 측면이 있다. 그 용서에 어떤 외부인도 개입되어 있지 않고 스스로가 용서 행위의 주체자일지라도, 자기 용서가 단번에 쉽게 이루어지진 않는다는 점이다. 따라서 자기 용서를 위해서는 직간접적으로 자기 밖에 있는 외부자들이 필요한 경우가 많다. 여타 다른 종류의 용서와 마찬가지로 자기 용서는 매우 복합적 과정과 단계를 거치며 이루어진다. 예를 들어 A라는 사람은 자신에게 상처를 많이 주었던 어머니를 용서하면서부터 비로소 자신을 용서하기 시작했다.

어머니를 용서하기 전까지 자기 용서라는 이슈는 한 번도 생각해 본 적이 없어요. 내가 뭔가를 잘못했다고 생각하지 않았기 때문이지요. 잘못된 느낌이 들면 모두 어머니 책임으로 돌렸거든요. 그런데 어머니를 용서하면서부터 내게 일어난 잘못된 일에는 사실상 나도 책임이 있다는 게 보이기 시작했어요. 어머니에게 마음을 열자, 스스로에게도 마음이 열리는 듯한 경험을 했어요. 내가 얼마나 어머니에게 나쁘게 굴었는지, 어머니를 얼마나 상심시켜드렸는지 보이기 시작했고, 어머니에게 잘못을 저지른 일이 참으로 후회스러웠습니다.[15]

인간은 삶에서 뭔가 어긋난 것을 느끼면서 자기 자신에게, 그리고 주변 사람들에게 소외감을 느낀다. 이러한 느낌은 혼돈·죄책감·불안·절망감 등 걷잡을 수 없는 부정적 느낌을 동반하곤 한다. 이렇게 소외와 분리의 느낌에 사로잡힌 사람들은 마치 타인 앞에서 벌거벗은 약자 같다는 느낌을 받는다. 스스로에게, 또는 타자에게 얼마나 상처를 입혔는지 인식하면 할수록, 자신에 대한 혐오는 가중된다. 이럴 때 자신을 별 볼 일 없는 사람이나 매우 나쁜 사람으로 비하하면서 자기혐오를 내면화하고 일상화하게 된다. A처럼, 자기 용서가 진행된 후에야 일상화된 자기혐오의 터널에서 서서히 빠져나오게 된다.

3) 자기 용서의 촉진제들

'자기'라는 수식어 때문에, 자기 용서를 순전히 한 개인이 결정한다고 생각하기 쉽다. 그러나 개인은 수많은 사람들과 연결되어 있으므로 자기를 용서하는 데도 타인이 직간접적으로 영향을 미칠 수 있다. 즉 자신에 대해 극도로 부정적 감정을 지닌 사람도 누군가 자신을 인정해주고 따스하게 받아들여주면, 자신에 대해 가져왔던 부정적 감정을 누그러뜨리고 자신을 용서하는 단계로 나아갈 수 있다. 이런 자기 용서의 과정에서 전문 상담가·종교인·동료·친구·가족 등이 긍정적 역할을 할 수 있다. 감동적인 책이나 종교적 신앙도 마찬가지다.

몇 가지 예를 들어보자. A는 자살한 아들 때문에 견딜 수 없는 고통에 시달렸고, 아들의 자살이 자기 책임이라는 생각에서 벗어날 수 없었다. 결국 자식을 죽게 했다는 생각은 고도의 자기혐오로 이어졌고, 그는 주변 사람들이나 세계에서 소외되었다는 느낌으로 살아갔다. 그런데 몇몇 친구가 이러한 그의 감정을 잘 들어주고 존중하면서 A를 끈기 있게 지지해주었고, A는 점차 자신을 있는 그대로 수용하고 인정하면서 자신을 용서하게 되었다.

B는 남편에 대한 참을 수 없는 분노로 심하게 괴로워했다. 동시에 이러한 분노를 느낀다는 사실 자체에 자책감을 느끼기도 했다. 그런데 그녀에게 예상치 못했던 변화가 일어났다. 자신이 다니던 성당의 신부에게 고민을 털어놓은 것이 변화의 계기였다.

남편을 향한 분노의 마음을 고백했는데, 신부님께서 분노 자체가 죄는 아니라고 하시더군요. 그 말을 듣고 신부님을 바라보는데, 참으로 따스하게 제 온 존재를 인정하고 받아들여주는 눈빛이었어요. 사랑의 눈길이었지요. 그 순간 스스로에 대한 자책감을 내려놓고, 나 자신을 수긍하고 용서하기 시작했습니다.[16]

용서에 대하여

심판하는 눈빛이 아닌 무조건적 수용과 사랑의 눈길을 느낌으로써 B는 비로소 자기 용서의 여정에 들어설 수 있었다. 훗날 B는 신부님의 사랑과 포용의 눈빛이 "사막에서 만난 오아시스" 같았다고 표현했다. B는 기독교라는 종교에서 예수님이 주시는 사랑과 용서라는 메시지가 자기 용서를 가능하게 했다고 말했다. 또한 신부는 지속적으로 그녀에게 전화하고 대화를 나누면서 그녀의 자기 용서와 치유의 과정이 지속되는 것을 도와주었다.

스스로에 대한 불신과 극도의 혐오 속에 살아가는 사람에게, 종교적 신앙은 다양한 의미에서 자기 용서의 가능성을 촉발한다. 신에 의하여 지음을 받은 존재이며, 그 신이 자신을 인정하고 용서하리란 신앙을 지닌 이들은 아무리 고난의 시간이 닥쳐도 그 속에서 버틸 힘을 신앙에서 찾는 경우가 많다. 이들은 깜깜한 터널에 갇힌 듯한 암담한 절망감에서 허우적대면서도, 언젠가는 터널 끝에 도달하리라는 신념의 끈을 부여잡는다. 이 힘은 종교적 신앙에서 나온다. 종교적 신앙은 인간이 합리성을 포기하지 않으면서도 그 합리성 너머의 세계를 받아들이게 한다. 한 인간이 삶에서 중요하게 여기는 가치 체제를 형성하게 해주고, 삶의 방향성을 정립하게 해주는 동시에 자신과 타자의 관계 형성을 위한 근거를 확립해준다. 반면 맹목적 종교 신앙은 자신의 구체적 이익과 욕구를 확대하는 것을 신앙이란 이름으로 포장하면서 타자와 함께하는 삶을 위한 가치, 세상 일에 대한 책임과 관여를 외면

한다. 이로써 오히려 진정한 자기 용서를 자기 합리화로 전락시키기 쉽다.

그런데 특정한 주위 사람이나 종교적 신앙만 자기 용서의 촉진제가 되는 것은 아니다. 스스로를 긍정적으로 인식하게 해주는 한 권의 책이 자기 용서를 가능하게 하는 경우도 있다. C는 어느 철학자의 책을 읽으며 새로운 방식으로 자기 자신을 돌아보기 시작했다.

그의 책을 읽으며 내 속에 있던 상처가 조금씩 치유되는 느낌을 받았어요. 그러한 치유의 느낌을 받자 마음속에서 나 자신과의 평화로운 관계가 시작되는 것처럼 마음이 편해졌어요.[17]

꿈이 자기 용서의 촉진제 역할을 하는 경우도 간혹 있다. D는 아들의 자살 후 일절 외부인과의 만남이나 외부 행사 참석을 거부해왔다. 어느 날 D의 꿈에 아들이 온통 피에 젖은 모습으로 다쳐서 나타났다. D는 자신이 아들의 상처를 치료할 수 없다는 것을 깨닫고 흥건히 피에 젖은 아들을 끌어안고는 자신을 바라보며 평화롭게 죽어가는 아들을 지켜보았다. 꿈에서 깨어난 D는, 인간의 삶에서는 부모도 통제할 수 없는 일들이 있다는 사실을 받아들이게 되었다. 그러한 인간의 한계를 있는 그대로 포용하면서 그 안에서 자신이 할 수 있는 일을 하는 것이 최선이라는 사실을 자각했다. 꿈을 꾼 후 그녀는 다시 자기 자신과 연결되고 주변 사람들과도 관계를 맺기 시작했으며, 이로써 새로운 자기 용서와 자기 치유의 경험을 할 수 있었다.

E는 명상 수련회에 참여한 것을 계기로 자기 용서와 자기 포용을 하게 되었다. 끊임없이 삶에 불만족스러워하고 자신에 대해 못마땅하게 여겼던 마음이, 명상을 하면서부터 자신의 삶은 다양한 축복으로 가득 차 있다는 생각으로 변모되었다. 명상 수련회에서 돌아오면서 E는 다음과 같은 경험을 한다.

그날은 심하게 비가 왔어요. 그런데 갑자기 비가 멈추더니 참으로 아름다운 무지개가 계곡 한쪽에서 다른 쪽에 걸쳐 찬란하게 펼쳐졌습니다. 그래서 차를 언덕에 세우고 계곡에 드리운 무지개를 바라보면서 내 속에 끌어들였습니다. 그 무지개는 마치 신이 나에게 보내는 언약 같았습니다. 내가 거쳐온 그 무수한 고난의 시간들 속에서도 신은 나와 함께하면서 나를 지지하고 격려해왔다, 앞으로도 그러겠다는 언약 같은 것이었지요.[18]

이렇듯 자기 용서에는 그것이 가능하게 해주는 외적 요소들이 있다. 바로 가족·상담자·종교 지도자·신앙·명상·책·자연 등이다. 이는 한 개인이 내면에서 자기 용서의 문을 여는 촉진제가 된다. 자기 용서의 과정 중 삶에 다양한 문제가 있다 해도 그 한가운데 있는 자신의 삶 자체가 하나의 소중한 선물이라는 마음이 시작된다. 또한 자기 용서는 한 가지 형태로 오지 않는다. 때론 오랫동안 갖지 못했던 자신과의 평화를 이루는 방식으로, 때론 오랫동안 가슴속에 엉켰던 응어리를 풀어내는 경험으로 오기도 한다. 이전에는 불만만 가득했던 인생이었으나 최선을 다해서 이 짧은 인생을 살아내겠다는 마음가짐으로 오기도 한다. 그러므로 다양한 양태의 자기 용서와 그 촉발과 성립을 가능하게 해주는 다층적인 외적 요소와 내적 요소를 복합적으로 살펴보아야 한다.

4) 자기 용서의 과정과 결과

'자기 용서'라는 상황을 지적·합리적으로 이해하는 것으로는 충분치 않다. 지적 이해가 자기 용서의 필요조건이긴 하지만 충분조건은 아니기 때문이다. 진정한 자기 용서가 가능하려면 이성과 합리성만이 아니라 감성의 측면에서도, 즉 가슴속에서도 자기 자신을 용납하고 받아들여야 한다. 이때 비로소 온전한 의미의 자기 용서가 가능해진다.

자기 용서에서 중요한 점은 자신 속의 부정적 응어리들을 흘려보내는 과정에서 비탄의 감정을 경험하는 것이다. 비탄이란 이제까지의 삶에 대한 후회와 스스로에 대한 유감의 감정을 느끼는 것을 말한다. 자기 용서란 그러한 유감의 감정 속에서도 자신을 끌어안으며 자신을 미래에 열어놓는 것과 같다. 스스로에게 '정말 미안해'라고 말하는 동시에 유감을 표하는 자신을 인정하고, 이 과정에서 비로소 자신을 용서하고 앞으로 나아가는 것이 자기 용서의 중요한 측면이다.

자크 데리다가 강조했듯이 한 인간은 하나가 아니다. 즉 한 사람 안에는 다층적인 자신이 존재한다. 그 다양한 모습의 자신은 간혹 상충적이기도 하고, 절충적이기도 하다. 따라서 자기 용서에 관한 질문을 받는다면 앞서 언급한 데리다의 응답을 기억해야 한다. 한편으론 절대 용서할 수 없는 자신, 다른 한편으론 언제나 용서하는 자신, 이 상충하는 다양한 '자신들'의 존재를 받아들이는 것은 자신뿐 아니라 타자를 이해하고 용서하는 데도 매우 중요하다.

삶에서 벌어진 나쁜 일들에 대해 남 탓만 하던 마음은 이제 자신의 책임을 인식하는 책임감으로 바뀌게 된다. 복합적 의미의 자기 용서가 가능해진 덕분이다. 자신에 대한 불만과 혐오로 가득한 사람의 마음은 자신이 무언가의 '희생자'라는 '희생자 의식'으로 가득 차 있다. 따라서 사실상 자신에게 책임이 있는데도 그 책임을 회피하면서 자신은 물론이려니와 타자와 세상에 대한 불평과 비난을 퍼붓는다. 그런데 자신의 책임성을 느낀다는 것은 사실상 자신과의 관계를 회복하고 자신을 받아들인다는 것을 의미한다. 이 과정에서 비로소 스스로를 용서하는 자신을 발견할 수 있다. 이전에는 그렇게 부정하고 싶었던 불편한 자신과 편안한 관계를 갖게 되며, 자신에 대해 너그러이 생각할 수 있으며, 자신의 결점이나 단점은 본질적 오류가 아니라 인간의 불완전성 때문이며 개선할 수 있다고 생각하게 된다.

자기 용서는 거창하고 극적인 방식으로 일어난다기보다 매우 감지하기 힘들게 점진적으로 가능해지는 과정이다. 이런저런 단점과 약점이 있지만 그런 자신을 그대로 인정하고 포용하면서 주변 사람들과 세상과의 관계에서 편안함을 느끼게 된다. 이러한 상태에 이르러야만 비로소 진정한 자기 용서가 이루어진다고 할 수 있다. '자신과의 편안함'은 완벽해지거나 성공할 때가 아니라 '자기 됨'을 있는 그대로 인정할 때 가능해진다. 자신이 굉장한 성인도 아니지만 그렇다고 악마 같은 나쁜 사람이 아니라는 사실을 자각함으로써 자신의 결점과 약점을 수용하면서도 이 세상에서 타자와 연결된 삶을 살아가는 스스로를 발견하게 된다.

현대 사회의 구조는 점점 고립된 삶을 살아가는 형태로 고착되어간다. 개인은 점점 더 외톨이가 되어 과도한 경쟁 구조에서 생존이라는 무거운 중압감을 견뎌야 한다. 이처럼 고도로 개인주의적이고 경쟁적인 자본주의 사회에서 개인은 종종 자신의 불완전함을 자각하고, 경쟁에서 낙오자가 되는 경험을 하면서 극도의 불만과 고립감에 시달리곤 한다. 자신에 대한 불만은 자기혐오로 이

```
┌─────────────────┐
│    자기 부정과    │
│      혐오        │
└─────────────────┘
        ⇩
┌─────────────────┐
│     나와         │
│  타자로부터의 고립 │
└─────────────────┘
        ⇩
┌─────────────────┐
│    자기 용서와    │
│      화해        │
└─────────────────┘
        ⇩
┌─────────────────┐
│    자기 긍정과    │
│      책임성       │
└─────────────────┘
        ⇩
┌─────────────────┐
│   자신과 타자와의  │
│     관계 회복     │
└─────────────────┘
```

〈자기 용서의 과정과 결과〉

어지고, 이러한 부정적 감정은 자신과 타자, 그리고 세상에서 철저히 고립된 외딴섬에 사는 듯한 삶으로 개인을 몰아넣는다. 현대 사회에서 자기 용서가 참으로 중요한 주제가 되는 것은, 개인의 사적 정황 때문만은 아니다. 자기 용서가 이러한 사회·문화적 정황과도 밀접하게 연계되기 때문이다. 이처럼 자기 용서가 한 개인의 문제가 아니라 다양한 주변 요소의 도움과 지지가 필요한 문제라는 사실을 인식하는 것은 매우 중요하다. 결국 이 세상에서 살아간다는 것은 '함께 살아감'을 의미하며, 이 '세상 내 존재'로서 살아가는 것을 의미하기 때문이다.

2. 대인 관계적 용서

앞서도 강조했듯이 이 세상에서 살아간다는 것은 다양한 타자들과 함께 살아간다는 것을 의미한다. 그 타자들은 내가 잘 아는 '가까운-타자'일 수도, 전혀 가깝지 않은 '먼-타자'일 수도 있다. 인간은 불완전하기에 언제나 이러한 '나-타자'의 관계에서 상처를 주고 상처를 받을 가능성에 노출되어 있다. 그런데 정작 타자를 용서한다는 것은 무엇을 의미하는가. 피해자가 여전히 가해자에게 분노하면서 가해자가 잘못에 응분의 대가를 치르게 하겠다고 마음먹었다고 하자. 그런 상황에서도 여전히 피해자는 가해자를 용서할 수 있는가. 이 물음에 대해서는 학자마다 다르게 답한다. 용서에 대한 이해에 차이가 있기 때문이다. 2장에서 살펴본 것처럼 먼저 가해자에 대한 분노를 없앤 다음에야 용서가 가능하다는 관점이 있는 반면에, 극단적인 보복으로 치닫지 않는다면 잘못된 일에 대한 분노를 지니면서도 용서가 가능하다는 관점이 있다. 즉 용서의 전제조건이 분노를 아예 없애는 것이 아니라는 말이다 여기서 '용서가 무엇인가'에 대한 중요한 단서를 찾을 수 있다. 용서란 이른바 '정의의 집행'이라기보다는, 우선적으로는 도덕적 관계와 정서에 관한 것이다. 따라서 피해자가 용서한다고 해서 가해자가 응당 치러야 할 법적 대가까지 없애는 것을 의미하지는 않는다. 이렇게 볼 때 가해자가 법적 처벌을 받는 것과 피해자가 가해자를 용서하는 것은 서로 어긋나는 일이 아니다. 용서는 상처를 준 사람, 즉 가해자에 대한 특별한 윤리적 응답인 반면, 처벌은 법적 문제이기 때문이다. 물론 법적 처벌을 재고해달라는 피해자의 요청을 재판관이 참고할 가능성을 완전히 배제할 순 없지만, 재판관이 가해자의 잘못에 대한 처벌을 결정할 때 언제나 피해자의 용서 유무에 따르는 것은 아니다.

누군가의 잘못된 행위로 인해 가해자와 피해자가 발생할 경우, 그때의 용서는 '대인 관계적 용서'가 된다. 그런데 이러한 용서의 정황이 단순하지만은 않다. 대인 관계적 용서가 요청되는 데는 다음과 같은 네 가지 정황이 있다. 첫째, 피해자가 직접적으로 가해자를 용서하는 경우. 둘째, 직접적 피해자가 아닌 제3자, 즉 간접적 피해자가 가해자를 용서하는 경우. 셋째, 피해자와 가해자가 지속적 관계 속에서 용서하는 경우. 넷째, 피해자와 가해자가 지속적 관계를 갖지 않으면서 용서하는 경우다. 다음 도표는 크게 두 가지 다른 정황에서 벌어지는 타자에 대한 용서의 양태를 분명하게 보여준다.

용서에 대하여

〈대인 관계적 용서의 정황들〉

1) 용서와 묵인

인간은 그 불완전성으로 인해 타자에게 상처를 줄 때가 많다. 때로 타자가 옳지 않은 행위를 하도록 만들기도 하고, 타자의 잘못된 행위로 인해 상처와 피해를 받기도 한다. 이런 의미에서 인간이 하루하루 살아간다는 것은 어쩌면 용서라는 주제와 늘 마주하면서 살아가는 것을 의미할지도 모른다. 용서가 필요한 현실은 언제 어디에나 있다. 가족과 친구처럼 가까운 사이에도 다양한 형태의 상처와 폭력이 존재하며, 알지 못하는 사람들에게 상처입고 폭행을 당하기도 한다. '가정폭력'이나 '성폭력'처럼 특정한 범주에 넣을 수 있는 상처도 있고, 이름도 붙일 수 없는 크고 작은 상처들로 피해를 입는 경우도 산재해 있다. 용서라는 주제에서는 직접적 피해자가 가해자를 용서하는 것이 중심이 되는데 이 경우의 용서는 두 가지 상태를 의미한다.

첫째, 피해자가 가해자에게 갖는 파괴적 분노를 버리는 것이다. 둘째, 가해자에게 갖는 정죄적 심판의 마음을 버리는 것이다. 부당한 피해를 경험하는 사람은 대부분 그 일을 저지른 사람에 대한 분노에서 그치는 것이 아니라, 가해자 자체에 대해 '악한 사람' 또는 '나쁜 사람'이라는 정죄적 심판을 하게 된다. 가해적 행위가 가해자의 존재 전부를 규정하는 것으로 절대화하면서 가해자에게 구제 불능의 악한 사람이라는 최종적 심판을 내리게 된다는 것이다.

따라서 파괴적 분노를 버리는 것만이 용서는 아니다. 가해자를 부정적으로 심판하지 않는 단계가 되어야 용서가 완결된다고 볼 수 있다. 여기서 피해자의 분노 버리기를 용서의 전제조건으로 보는 것은 2장의 논의처럼 여러 관점 가운데 하나일 뿐이라는 점을 기억해야 한다. 그런데 상대방에 대한 분노를 버리고, 나아가 상대방을 '악한 사람' 또는 '나쁜 사람'으로 판단하는 부정적이고 정죄적인 생각을 버린다고 해서 이 모든 행위를 용서라 볼 수 있을까. 어떤 행위가 용서인지 아닌지를 판가름하는 건 생각보다 단순한 일이 아니다. 예를 들어보자.

한 여성은 결혼 후 시아버지가 매우 고집스럽다는 것을 깨달았다. 며느리의 집을 방문해 얼마 동안 머물게 된 시아버지는 며느리가 영 마음에 들지 않았다. 자신을 대하는 태도는 물론 일상적인 행동거지도 못마땅했고, 집 안 정리도 제대로 되어 있지 않았으며, 음식맛도 형편없다고 생각했다. 시아버지는 아들의 형편이 좋지 않은 것도 며느리 탓이며 자신이 못마땅해한다는 것을 아들과 며느리가 알아채게 넌지시, 그러면서도 분명하게 밝힌다.

집 정리, 음식, 분위기, 행동거지……, 왜 시아버지는 모든 것에 불만이고, 그것이 며느리 책임이라고 비난하는지 그 근원적 동기는 제쳐놓자. 며느리는 시아버지의 태도가 매우 불공평하다고 느끼고 깊은 상처를 입었다. 그러나 남편은 아내에게 아버지를 용서하고 잘 대해드리라고 부탁한다. 자신도 아버지가 옳지 않다고 생각하지만 그래야 집안 평화가 유지된다는 것이다.

사실상 이 장면에서 남편은 아내에게 진정한 용서를 청하고 있지 않다. 시아버지의 불공평한 행동에 며느리가 분노를 느끼는 것은 정황상 매우 합리적이다. 그런데 남편은 아내에게 분노의 경험과 감정을 무조건 내려놓고, 집안의 평화를 위해 아무 일도 없었던 것처럼 생활하라고 한다. 며느리가 마음속 분노의 감정을 억누름으로써 불공평한 상황을 잘 극복하고 시아버지를 변함없는 태도로 대했다고 하자. 이는 한국적 상황에서는 매우 익숙한 광경이다. 부당한 대우를 받아도 이른바 '가정의 평화'를 위해 내색하지 않고 참고 견디는 것이다.

그런데 이 경우, '아무 일도 없었던 것처럼 생활하는 것'이 용서의 성립을 뜻하지는 않는다. 이는 용서가 아니라 '묵인'일 뿐이다. 그런데 잘못된 것을 묵인할 때 문제가 발생한다. 시아버지는 며느리에게 부당한 행위를 한다는 사실을 전혀 인지하지 못하며, 따라서 며느리에게 끊임없이 상처를 준다. 이에 따라 '가정의 평화'라는 명분으로 부당한 상처를 받는 한 개인은, 분명한 이의를 제기하고 상황을 변화시킬 수 있는 '윤리적 주체'로 행동할 기회를 박탈당한다. 표면적으로는 며느리의 묵인으로 아무 갈등도 표출되지 않고 가정의 평화가 유지되는 듯하다. 하지만 그 평화를 위해 한 가족 구성원의 자긍심과 평화를 빼앗는 대가를 치러야 한다면, 그것은 '거짓 평화'라고밖에 할 수 없다. 이렇게 '용서'와 '묵인'을 혼동하는 경우는 매우 많다. 특히 힘없는 약자들에게 묵인을 용서로 혼동하는 상황은 매우 위험하다. 자신에게 가해진 잘못된 일들을 묵인한다면 지속적으로 상처와 피해를 입을 가능성에 늘 노출되기 때문이다.

그러나 묵인이 아닌 용서를 할 경우, 가해자는 분명히 자기 행위의 잘못된 점을 인지하게 되고, 그 잘못에 대한 피해자의 분노가 정당하다는 것을 주변 사람들도 알게 된다. 그러한 인지의 과정에서 점차 용서가 가능해지고, 가해자의 잘못은 분명하게 밝혀진다. 또한 가해자는 잘못을 뉘우치며 사과하고 피해자가 용서하는 과정에서 두 사람이 건강한 관계로 개선될 가능성이 발생한다.

묵인은 다음과 같은 두 가지를 수동적으로 수용할 때 가능해진다. 첫째, 자신에게 가해진 어떤 행위가 나쁘거나 옳지 않다고 '윤리적 판단'을 하는 스스로를 지워버려야 한다. 둘째, 그 잘못된 행위에 대한 저항의 의미를 담은 성찰적 분노의 감정도 제거해야만 한다. 따라서 누군가 자신에게 부당한 행위를 해도 그것을 '평화'나 '희생'이라는 이름으로 묵인한다면 피해자는 점점 자신을 존중하는 마음이나 자긍심을 상실하며, 피해자로서의 삶을 운명처럼 받아들이게 된다.

또한 묵인은 종종 자기기만을 통해서 가능하다. 즉 명백히 잘못된 행동조차 잘못된 것이 아니라고 스스로를 설득하는 것이다. 가족·친척·배우자·친구·동료 등 다양한 관계망에서 살아가는 인간은 종종 '도덕적 타협'을 하게 된다. 속으로는 옳지 않다고 생각하면서도 그저 묵인하면서 도덕적으로 타협하는 상황에 놓이는 것이다. 이러한 자기기만이나 도덕적 타협은 장기적으로 볼 때 자신을 존중하는 마음을 포기하게 하므로 스스로에게 해로울 뿐 아니라, 상대방과 건강한 관계를 유지하는 데도 하등 도움이 되지 않는다. 나아가 자신이 타자들에게 가하는 잘못조차 외면하고 무감각해짐으로써 도덕적 불감증에 빠지게 할 위험이 있다.

묵인은 결코 용서가 아니며 둘은 중요한 차이가 있다. 묵인은 명백히 부당한 것을 잘못으로 보지 않고 그대로 받아들이는 것이다. 하지만 용서는 잘못에 대한 분명한 인식과 거절로 이루어진다. '용서'라는 행위는 누군가 행한 일이 '잘못'되었음을 분명히 밝히고 그것이 용납되어서는 안 된다는 메시지를 가해자에게 분명하게 선언하는 것이다. 이런 맥락에서 보면 '용서'라는 행위는 '묵인'과는 출발점이 다르고, 결과 또한 다르다.

그렇다면 용서의 행위는 누구에게나 유사한 의미를 지닐까. 그렇지는 않다. 받아들이는 사람의 위치에 따라 용서의 의미는 매우 달라진다. 용서를 구할 마음이 전혀 없는 사람, 혹은 용서받을 잘못을 저질렀다고 생각지 않는 사람에 대한 용서는 감사가 아니라 모욕으로 전달되며, 가해자는 이 용서를 자신을 가르치려는 행위로 받아들일 수 있다. 가해자가 자신이 '가해자'라고 전혀 인식하지 않고, 자기 행동에 아무 잘못이 없다고 생각할 때 피해자의 용서는 아무런 의미도 발현시키지 못한다. 오히려 아무 범죄도 저지르지 않았는데 '사면'을 받는 것처럼 가해자가 어처구니없어할 수도 있다. 용서의 행위가 고마운 것이 아닌 오만한 행위로 여겨지는 경우다.

2) 피해자의 용서: 직접 피해자와 간접 피해자

대인 관계적 용서에 있어 반드시 직접적 피해자만이 용서할 수 있다는 전통적 이해가 매우 자명하게 받아들여졌다. 이러한 관점

용서에 대하여

을 대체로 빚 탕감이라는 의미, 감정적 근거, 관계적 근거 등 세 가지 양태로 나누어 고찰해볼 수 있다.

빚 탕감의
의미 _____

빚 탕감이라는 의미로서의 용서는, 오로지 잘못된 사건의 직접적 피해자에게만 용서할 자격이 있다고 보는 관점이다. 이 관점에서는 법적인 의미로 볼 때 마치 가해자가 금전을 빌리고 빚을 진 것처럼 전제한다. 따라서 용서는 피해자가 가해자의 '도덕적 빚'을 탕감해주는 행위가 된다. 즉 가해자가 피해자에게 빚을 갚아야 하며, 용서할 수 있는 사람은 '빚'을 되돌려 받아야 할 직접적 피해자다. 이러한 이해에 따르면 용서는 도덕적 채무자(가해자)와 도덕적 채권자(피해자) 사이에서만 일어난다.

그런데 이처럼 용서를 '도덕적 빚'의 의미로 이해할 때, 모든 인간을 '도덕적 장부 정리자'로서의 의미로만 보게 된다. 그렇다면 완벽하게 '도덕적 빚'이 없는 사람이 있을까. 이렇게 인간이 맺는 사회적 관계라는 맥락에서 볼 때, 개인이 대인 관계 속 부당한 사건에서 상처입고 피해를 본 '특정한' 경우가 그다지 특별한 의미를 띠지 못한다. '도덕적 빚이 없는 완벽한 인간은 없다'라는 논리는 결국 '보편화'라는 이름으로 특정한 정황에서 구체적으로 발생하는 불의나 그로 인한 피해가 그다지 큰일이 아니라는 논리로까지 비약된다.

　이러한 이해에서 야기될 수 있는 또 다른 문제점은 '용서의 종결점'이 분명치 않다는 점이다. 예를 들면 도덕적 채권자로서의 피해자가 '도덕적 빚'을 탕감해주는 행위로 용서를 했다고 치자. 그런 다음 피해자가 "용서했다고 생각했는데, 사실은 아니었다"라거나 "다시 생각해보니 아직 준비가 안 되었다"라고 감정 변화에 따라 끊임없이 요동치면서 결국에는 용서를 매듭짓지 못할 수 있다. 이렇게 용서를 단지 '빚 탕감'의 의미로 이해한다면, 그래서 직접적 '도덕적 채권자(피해자)'만이 용서할 수 있다고 본다면, 매우 복합적인 의미와 과정과 결과를 생각하지 않은 채, 용서를 단순히 일회적이고 일방적인 행위로만 이해하게 된다. 결과적으로 이러한 용서에는 여러 가지 문제점이 고스란히 남는다. 이렇듯 용서의 과정과 복잡함을 간과하는 단순한 용서로는 분명한 '용서의 종결성'이라는 의미를 실현하기가 어렵다.

감정적
근거 ──────────

용서를 '도덕적 빚의 탕감'으로 이해하는 관점과는 달리, 피해자의 '감정'에 근거한 관점이다. 이러한 관점에서는 피해자가 가해

　　　　　　　　　　　　　　　　　　　용서에 대하여

자에게 갖는 분노를 포기하는 것을 용서의 전제조건으로 이해한다. 즉 용서를 분노의 감정을 포기하는 행위로 보는 것이다. 그런데 이러한 주장에는 직접적 피해자만 분노를 느끼는 것이 아니라는 한계가 있다. 이 관점에서는 이른바 제2자나 제3자도 그러한 분노의 감정을 가질 수 있다는 점을 간과한다. 이렇게 직접적 피해자만이 용서할 수 있다고 보면서 분노라는 '감정'으로 용서를 이해하는 이들은 종종 그 근거로 조셉 버틀러의 용서와 분노의 시각을 차용한다. 그러나 버틀러는 용서의 전제조건이 모든 분노의 감정을 버리는 것이라고 하지 않았음을 분명히 상기해야 한다.

피해자의 부모·자녀·배우자·형제자매도 직접적 피해자만큼 분노를 느낄 수 있다. 또한 강한 연민을 갖는 직접적이고 친밀한 관계가 아니어도 부당한 사건에 분개하고 인간적 감정 이입을 하면서 강한 분노를 느낄 수 있다. 직접적 피해자만이 용서할 수 있다고 보는 관점은 특히 부모와 자식의 관계처럼 직접적 피해자와 끈끈하고 친밀한 관계인 사람들이 느끼는 분노의 감정을 간과한다. 또한 그런 관계가 아닐지라도 직접적 피해자만큼이나 상처입고 분노하는 경우가 얼마든지 있다. 예를 들어보자.

A와 B는 함께 사업을 한다. 어느 날 공동 사업자금을 은행에 저금하러 가던 B는 소매치기를 만나서 돈을 몽땅 잃고 말았다. 여기서 B는 직접적 피해자이기도 하지만, 이 사건에서는 사실상 '공동 피해자'가 된다. 이 단순한 예는, '직접적 피해자'만이 용서할 수

있다는 논지로는 이렇듯 구체적 현실 속 다양한 관계의 연결망들에 유의할 수 없음을 보여준다. 직접적 피해자 B만이 소매치기를 용서할 수 있다면, 그 사건에서 유사한 상처와 피해를 입은 A의 피해를 간과하는 것이다.

용서와 분노의 관계는 매우 중요하다. 부당한 일을 당하고도 가해자에게 아무 분노를 느끼지 않는 사람이 있다면, 이때의 용서에는 아무런 의미가 없다. 그런데 여기서 기억할 점이 있다. 자신에게 벌어진 일에 분노하기는커녕 그것이 잘못되었다는 것조차 모르는 '절대적 피해자'들이 있다는 사실이다. 예를 들면 유아나 정신적 장애인 등은 상황 감지 능력이 결여되어 있어서 분노할 수가 없다. 또는 일평생 극도의 억압을 받으며 살아왔기에 폭력에 익숙해져 그러한 삶을 운명으로 받아들이고 살아가는 이들이 있다. 이 모두는 자신이 피해자라는 사실조차 인지하지 못하는 '절대적 피해자'라고 할 수 있다. 이들을 핍박하는 사람들을 도대체 누가 용서할 수 있을까? 이 물음은 용서라는 주제에 대해 복합적인 물음을 던진다.

관계적 근거 _____

앞서의 두 관점과는 다른 근거에서 직접적 피해자만이 용서할 수 있다는 주장이 나오기도 한다. 세 번째 주장은 용서의 관계적 차원에 초점을 둔다. 즉 용서가 피해자와 가해자의 관계 회복이나 개선과 연관된 것이라고 보는 관점이다. 그런데 이러한 관점에는 여러 가지 한계가 있다. 부당한 일은 피해자와 가해자가 서로 관계가 있을 경우에만 일어나는 것이 아니기 때문이다.

예를 들면 집에 침입한 강도에게 성폭행을 당하거나, 길 가다가 우연히 폭행이나 사고를 당할 수도 있다. 이처럼 피해자와 가해자가 전혀 모르는 사이일 때도 잘못된 일이 벌어질 가능성은 항상 존재한다. 용서 후 피해자와 가해자의 관계가 지속적이지 않거나 서로 아무런 관계가 없는 사람들 사이에서도 용서가 필요한 사례들은 얼마든지 있다.

또한 피해자와 가해자가 이미 특정한 관계에 있는 사람이라 해도, 피해자가 용서 후 가해자와의 관계 지속과 회복을 원하지 않는 경우도 있다. 용서받은 가해자가 죽거나 사라질 수도 있고, 가해자 쪽에서 피해자와의 관계 지속을 원하지 않을 수도 있다. 따라서 관계 회복을 전제로 직접적 피해자만이 용서할 수 있다고 주장하는 것은 설득력이 없다.

물론 용서에서 관계 회복은 매우 중요한 측면이다. 그러나 피해자가 가해자와의 관계 회복이나 관계 지속의 관점에서만 용서를 바라본다면 구체적 현실에서 발생 가능한 다양한 가능성을 배제하는 결과를 낳는다. 예를 들면 가해자의 잘못된 행동이 언제나 직접적 피해자와의 관계에만 영향을 미치는 것은 아니다. 피해자의 가족이나, 피해자의 친구 관계에도 손상을 주는 경우가 얼마든지 있다. 따라서 앞서 말했듯이 관계 회복을 전제로 직접적 피해자의 용서를 주장하는 것은 한계를 드러낸다. 또한 절대적 피해자들과 가해자들에게서 관계 회복의 가능성을 기대하는 건 참으로 어려운 일이기도 하다.

그런데 여기서 우리는 용서할 수 있는, 또는 용서해도 되는 사람은 누구인지 다시 생각해보지 않을 수 없다. 직접적 피해자가 가해자를 용서하거나 용서하지 않을 것을 결정한다는 것이 용서에 대한 일반적 이해다. 그런데 현실에서는 오직 피해의 직접적 당사자만 잘못된 일의 영향을 받는 것이 아니다. 이러한 현실을 생각할 때, 용서할 수 있는 사람이 반드시 '직접적 피해자'여야 한다는 관점은 합당할까. 예를 들면 뺑소니 차량으로 자식이나 배우자를 잃은 사람이나 세월호 참사에서 죽어간 사람들의 가족 등 극도의 고통과 슬픔을 주는 비극적 사건의 직접적 피해자가 아니더라도 그 사건에 직간접적으로 상처를 입은 사람들이 있다. 이러한 현실을 반영할 때, 직접적 피해자뿐만 아니라 그 사건과 관련된 간접적 피해자들도 용서할 수 있는 지위에 있다고 보아야 한다.

3. 정치적 용서

용서에 대한 논의는 매우 사적인 정황에서 이루어지는 경우가 많다. 즉 개인과 개인 사이에서 상처를 주고받고 갈등이 발생하는 정황에서 용서가 논의되곤 한다. 그런데 이러한 사적 정황을 넘어 공적이고 정치적인 정황에서 용서에 대한 논의가 필요한 경우가 있다. 이때의 '정치적'이란 말은 광의의 의미로 쓰인다. 또한 이때의 용서 문제는 정부·경제·교육·시민·사회 등의 다양한 공적 기관은 물론 역사적 사건과 연계된 분야에서 다루게 된다. 사실상 현실에서 벌어지는 다양한 갈등과 폭력의 문제는 아무리 사적이고 개인적인 정황에서 벌어진다 해도 사회적·정치적 문제와 다층적으로 연계되어 있다. 이런 면에서 볼 때 "개인적인 것은 정치적인 것이다"라고 한 여성운동의 모토는 여전히 유효하다. 그러므로 정치적 용서를 논의할 때는 사적 영역과 공적 영역, 개인적인 것과 정치적인 것의 경계를 확연히 별개의 영역으로 구분할 수 없으며 이 모두가 서로 얽혀 있다는 사실을 기억해야 한다.

1) 진실화해위원회 : 정치적 용서의 역사적 사례

정치적 용서를 이야기할 때 그 예로 남아프리카공화국에서 1992년 인종 분리 정책 폐지 후에 구성된 '진실화해위원회'가 빈번히 등장한다. TRC라는 약자로 불리는 진실화해위원회는 1995년 인종 분리 정책 국가에서 자유민주주의 국가로 이양하는 과정에서 설립되었다. 인종 분리 정책으로 인해 무수히 자행된 반인권적 역사와 그 구체적 행위에 대한 진실을 밝혀내고 화해의 길로 나아가고자 만들어진 이 위원회에서는 7년간 무수한 청문회를 열었다. 남아공에서 처음으로 민주주의적 선거를 통해 선출된 넬슨 만델라 대통령은 케이프타운의 성공회 주교 데스몬드 투투 대주교를 이 진실화해위원회 위원장으로 임명했다.

이 위원회의 주요 임무는 인종 분리 정권 치하에서 일어났던 인권 침해 행위에 대한 진실을 밝히고, 가해자와 피해자의 화해, 사면, 용서를 실현하는 것이었다. 이 청문회를 통해서 34년간 남아프리카공화국에서 자행되었던 끔찍한 반인권적 행태의 실상이 드러났다. 이는 가해자들이 잘못을 고백하고 피해자들에게 용서를 구하며, 피해자들은 자신들이 당했던 폭력과 반인권적 경험을 고백하는 계기가 되었다. 7년여 동안 2만 2천 명의 진술을 통해 여러 가지 감춰져왔던 일의 실상이 드러나고 그중 6천 명이 사면을 청구했다.[19]

용서에 대하여

정치적 용서의 대표적인 예로 거론되는 남아공의 경우, 유진 드 콕Eugene de Kock의 이야기는 사람 간의 용서가 어떻게 정치적 공간에서 일어난 사건이 되는지 잘 보여준다. 드 콕은 남아공 '경찰 암살단' 단장으로 흑인 살해 임무를 수행한 사람이다. 흑인 활동가들의 살해를 주도할 당시에는 '최고 악Prime Evil'이란 별명으로 불릴 정도로 극악무도하기 그지없었다. 그런데 놀랍게도 흑인 활동가의 암살을 주도한 그가 가정에서는 매우 헌신적인 사람이었고, 그의 활동 내역을 보며 상상할 수 있는 극악한 악마 같은 모습이 전혀 보이지 않았다. 그는 그러한 끔찍한 살상을 저지르는 사람은 보통 사람들과 매우 다른 '악마적' 인물일 거라는 통상적 이해에서 완전히 벗어나게 해주는 사람이었다.

그는 자신이 죽인 흑인들의 배우자들에게 개인적으로 용서를 빌도록 허용해달라고 위원회에 요청했고, 위원회는 요청을 받아들였다. 그는 배우자들 앞에서 자신이 그들을 어떻게 죽였는지 진실하게 밝힘으로써 용서를 받았다. 진실을 있는 그대로 밝히겠다는 결심, 그리고 매우 구체적인 사실의 고백은 진심으로 받아들여졌고, 이는 암살 과정에 연루된 다른 경찰들이 진실 규명에 참여하는 계기가 되었다.

인종 분리 정권의 고위직들과는 달리, 드 콕은 성심껏 진실 규명에 임했다. 상부 지시를 받아 암살을 해온 과정을 상세히 밝혔으며, 그 과정에서 자신의 잘못을 회피하지 않고 책임 있는 자세로 일관했다. 그는 많은 부분 사면을 받았고 2015년 1월 30일, 20년간의 복역 끝에 가석방되었다. 드 콕은 1998년,《긴 밤의 상처: 인종 분리 국가를 위해 일함》이라는 책을 출간했다.[20] 진실화해위원회 공개 회의 자리에서 드 콕은 자신이 암살한 흑인들의 배우자들에게 용서를 구했다. 공개된 자리에는 변호사와 간수 등 제한된 사람들만 배석했지만, 이 일은 방송을 통해서 많은 이들에게 알려졌다.[21]

이로써 용서를 개인과 개인 사이에서 일어나는 사건으로 생각하는 통상적 이해에서 벗어나야 한다는 것을 알게 된다. 용서는 대인 관계라는 사적 공간뿐 아니라, 특정한 정치적 정황에서 공적 공간과 연결되어 일어나는 사건이다. 굳이 그렇게 할 필요가 없는 상황인데도, 그는 위원회에 용서를 구하고 싶다고 요청했다. 이러한 정치적 용서의 사건들은 남아공이 백인 중심적인 인종 분리 정권에서 민주적 정권으로 나아가는 데 중요한 역할을 했다. 진실화해위원회 위원장이었던 데스몬드 투투 주교는 이처럼 과거의 정치적 상황에서 가해자였던 사람들이 피해자에게 용서를 구하는 일을 강력히 권유했다. 투투 주교는 진실화해위원회 위원장을 하면서 경험한 바를 회고록《용서 없이 미래 없다》(2000년)에 담아 출판하기도 했다.[22]

2) 용서와 회복적 정의

1984년에 노벨평화상을 받은 데스몬드 투투 주교는 남아공의 혁신적 정치사회의 변혁 과정에서 넬슨 만델라 대통령과 어깨를 나란히 하는 중요 인물로 간주된다. 그는 개인적 차원뿐만 아니라, 정치적·역사적 차원에서 용서의 중요성을 강조함으로써 '정치적 공간'에서의 용서가 개인의 삶은 물론 공동체의 미래와 희망에 긴밀하게 연결된 중요한 것임을 상기시킨다. 그는 "용서란 망각이 아니다"라고 하면서 용서 없이 진정한 화해는 없고, "진정으로 과거의 갈등을 넘어 우리 모두가 한 인류라는 것을 인식하며 함께 손을 잡는 것이 가능하다"고 호소한다. 투투 주교는 응구니족의 '우분투ubuntu' 철학이 진실화해위원회 작업의 핵심을 이루는 말이라고 강조한다. 우분투는 아프리카 세계관의 핵심으로, "한 사람은 다른 사람들을 통해서 비로소 한 사람이다A person is a person through other persons"라는 심오한 의미를 담은 말이다. 투투는 이 우분투를 인종 분리 정권의 뼈아픈 진실과 화해 과정에서 자신의 철학적 원리로 삼았다. 이 우분투의 철학이 어떻게 처참한 인권 유린 상황에서 자신의 인간됨을 유지하면서 함께 살아감의 과제를 수행하게 하는가? 투투는 다음과 같이 표현한다.

어떻게 그토록 많은 남아공 사람들이 징벌 대신 용서를 선택하고,

복수를 꾀하기보다는 아량을 베풀며 기꺼이 용서할 수 있었을까? 우분투는… 인간됨의 본질을 뜻한다……. 내 인간성은 당신의 인간성과 뗄 수 없이 연결되어 있다. 우리의 삶은 여러 사람과 한데 묶여 있다. 사람은 다른 사람들을 통해 사람이 된다는 말도 같은 뜻이다.[23]

극도의 인종차별로 인한 희생자이자 피해자였던 남아공 사람들은, 가해자에 대한 응징과 복수가 아닌 용서와 화해를 통해 가해자는 물론 자신의 인간됨을 회복하고 강화하게 되었다. 바로 우분투 정신을 통해서였다. 용서는 단순한 이타심의 발휘가 아니다. 사람은 용서함으로써 회복할 힘을 얻고, 인간을 비인간화하려는 모든 것을 이겨내면서 여전히 인간으로서 살아갈 수 있기 때문이다.[24] 이러한 투투의 지혜와 경험을 통해서 우분투의 심오한 토대 없이는 인권 회복이 지속될 수 없으며, 용서 없이는 미래가 불가능하다는 사실을 이 세계에 확인시켰다.

그런데 우분투의 철학이 남용되는 경우가 있음에 유의해야 한다. 권력 확장과 유지가 목적인 정치가들이 우분투의 철학을 차용해 지배를 합법화하고, 권력에 저항하는 사람들을 억눌러 비판에 침묵하게 할 수 있다. 따라서 우분투는 '정치적 개념'이 아닌 나와 타자의 '관계적 개념'이라는 점을 분명히 기억해야 한다. 즉 정치적·사회적 권력을 가진 사람들이 필요에 따라 이 개념을 차용하

용서에 대하여

고 남용하는 것을 반드시 비판적으로 조명해야 한다. 권력을 확장하고 현상 유지하려는 정치인이나 종교인들이 공동체를 위해 개인이 희생해야 한다고 강조하면서, 이를 개개인의 권리와 목소리를 압제하는 데 쓸 수 있기 때문이다.

둘째, 우분투가 컴퓨터 운영체제의 이름 등 상업화된 개념으로 남용되는 것도 경계해야 할 문제다. 이윤 확대를 최고의 덕목으로 삼는 기업이 이러한 인류 보편의 가치를 상품 이름으로 차용할 때 우분투는 '사업 개념'으로 왜곡되고 만다.

셋째, 이 우분투 철학을 '공동체'에 대한 낭만적 이해의 근거로 삼아서는 안 된다. 즉 공동체의 이름으로 개별인들이 지닌 고유한 개별성singuality이 함몰되거나 '함께-살아감'의 제도적 실천 없이 개별인의 결단만으로 평화로운 공동체 형성을 요구하는 것은 우분투 철학을 '낭만화'하는 것이다. 우분투 철학은 '함께-살아감'의 의미를 실현할 지속적 제도의 확보 없이는 이루어질 수 없다. 개인의 감상적 태도만으로 가능한 것이 아니기 때문이다.

넷째, 이것이 개인과 공동체에 대한 이분법적 관점을 정당화하는 철학 원리로 유용되어서는 안 된다. 나는 파울 첼란Paul Celan의 시구 "내가 나일 때, 나는 너다Ich bin du, wenn ich ich bin/I am you, when I am I"[25]가 담고 있는 정신과 함께할 때 우분투 철학의 의미가 더욱 심오해진다고 생각한다. 즉 '나'의 유일한 개별성이 존중되고 확장될 때, 그리고 그 '나'와 '너'의 '함께-살아감'의 의미를 개인적으로, 제도적으로 확보할 때 비로소 우분투 철학이 추구하는 인류-공동체라는 의미가 살아난다. 이는 '개인주의'와 '공동체주의'를 대립 관계로 보는 전형적인 이분법적 사유 방식을 경계해야 할 이유이기도 하다.

남아공의 진실화해위원회가 선택한 '회복적 정의'가 왜 중요한지 조명하려면 정의의 두 가지 개념, 즉 응보적 정의retributive justice와 회복적 정의restorative justice를 간략하게 살펴볼 필요가 있다. 범죄자 또는 가해자의 '처벌'을 통해 정의를 이루는 것이 응보적 정의다. 이러한 관점에서는 처벌을 통해 구체적이고 가시적인 결과가 나오지 않는다 해도, 처벌 자체가 정의를 이루는 수단이 된다고 믿는다. 법적인 것이든, 사회적인 것이든 처벌이야말로 잘못에 대한 대가를 치르고 정의를 실현하게 만든다고 보는 관점이다.

이러한 응보적 정의와 달리, 회복적 정의에서는 단순히 법을 어기거나 잘못을 저지르는 것만을 범죄로 보지는 않는다. 누군가 저지른 범죄나 잘못은 결국 피해자만이 아니라 다양한 사람, 관계, 공동체에 해를 끼친다. 따라서 이럴 때의 정의로운 반응은 범죄 또는 잘못된 일 자체가 아니라, 그 범죄가 야기한 다층적 손상과 피해에 반응하는 것이어야 한다. 따라서 회복적 정의는 첫째, 범죄가 야기했던 손상을 바로잡는 것, 둘째, 가해자와 피해자가 함께 무엇을 할지 소통하는 것, 셋째, 이러한 과정에서 사람과 관계, 공동체에 근원적 변혁을 모색하는 것이다.[26]

남아공의 진실화해위원회는 가해자를 처벌하는 데 중점을 두는 응보적 정의가 아닌 회복적 정의에 관심을 가졌다. 즉 피해자와 가해자의 화해, 개별적 정황에 대한 고려와 관계 회복을 관심의 우선순위로 삼은 것이다. 이처럼 위원회는 책임·화해·회복 등의 가치에 초점을 두는 회복적 정의를 국가적·정치적 차원에서 이행하려 했다. 또한 인종 분리 정권에서 가해자 역할을 한 사람들과 그들에게 고통받은 피해자들의 이야기를 직접 들으며 진실을 규명하는 과정에서, 인간이 다른 존재들과 얼마나 깊이 연결되어 있는가 하는 철학적·종교적 의미를 사회정치적 변화 과정의 주요한 인식론적 토대로 삼았다.

진실화해위원회는 정의와 용서의 관계를 대립적이며 이원론적 시각으로 보는 정치철학을 비판한다. 정의와 용서가 양립 불가능하다고 보는 정치철학으로는 정의의 모색이 이루어질 수 없기 때문이다. 진실화해위원회는 정치적 용서와 화해가 양립 가능할 뿐 아니라 정의를 구현하는 데 서로 없어서는 안 될 필수적인 것으로 본다. 진실화해위원회가 응보적 정의가 아닌 회복적 정의를 근거로 형성되었다는 점은 매우 의미심장하다. 대체로 우리는 '무엇'이 일어났는지에만 관심을 갖지 '왜' 그 사건이 일어났으며 '어떻게' 그 사건을 대해야 하는지에는 관심을 갖지 않는다. 이러한 맥락에서 보면, 응보적 정의는 주로 사건의 처벌에만 관심을 둔다. 그러나 회복적 정의는 사건의 근원이 되는 원인 그리고 피해자뿐 아니라 가해자의 인간성까지도 인정하려 한다. 이러한 회복적 정의의 실현을 통해 피해자와 가해자 모두 자신을 새로운 존재로 만들어가도록 하려는 것이며, 더 나은 세계를 위해 다층적 변혁을 모색할 가능성을 열게 된다.

인종 분리 정권의 직접적 피해자였던 넬슨 만델라 대통령은, 이러한 회복적 정의를 정치의 근간으로 삼았다. 그는 새로운 미래에 대한 희망을 가지고 분열되고 상처투성이인 남아공을 재건하고자 했다. 미래에 대한 희망은 처벌이 주 관심인 응보적 정의가 아니라, 개인적·집단적 관계의 회복을 목적으로 하는 회복적 정의에서 싹트기 때문이다.[27] 회복적 정의에서, 관계 회복과 치유를 위한 용서는 필수 요소다. 용서는 폭력적 사건에 대한 응보와 처벌에만 집중해서 결국 모두의 인간성이 파괴되는 것을 막고, 피해자와 가해자의 인간성을 유지하면서 사회적 응집력을 구축해 인류 공동체를 이루기 위한 첫 번째 조건이기도 하다. 미래를 향한 희망이란 결국 깨어진 공동체를 치유하고 다시금 새롭게 변혁하려는 의지와 실천 없이는 불가능하다. 응보적 정의가 아닌 회복적 정의를 새로운 정치철학의 원리로 삼는다는 것은 개인적 차원만이 아니라 사회정치적 차원에서의 용서가 가능하며 또 이러한 용서가 요청된다는 사실을 보여준다.

1974년에서 1994년까지 아프리카·라틴아메리카·동유럽 등에는 15개의 '진실 위원회'가 만들어졌다. 가장 유명한 남아공의 진실화해위원회는 1995년에 세워졌기에 이 15개에 포함되지 않는다. 이처럼 다양한 진실 위원회는 진실을 밝히는 것뿐 아니라, 진실 규명 이후 회복적 정의를 실현하며 진정한 화해와 용서의 완성을 모색하고자 한다.

그런데 한국에서는 5·18 광주민주화운동 같은 역사적 사건에 대한 국가적 진실 위원회가 수립되지 않았다. 물론 관련자 보상에 관한 법률이 제정되고, 유족 보상 지원을 위한 위원회가 설치되었다. 그러나 이러한 물질적 보상 차원만이 아니라 당시의 가해자와 피해자가 함께 만나 엄정한 진실 규명을 위해 청문회를 열고 용서와 화해의 과정을 거치는 진실 위원회는 없었다. '회복적 정의'를 실현하는 장으로서 국가적 차원에서의 진실 위원회가 없었던 것이다. 2014년에 벌어진 4·16 세월호 참사에 대해서도 2016년 현재까지 이루어진 것이 아무것도 없다. 국가가 저지른 잘못이 무엇인지, 이 비극을 방지할 수 있었던 책임자들은 과연 무엇을 했는지 반드시 진실 규명이 필요한 상황이다.

한국에서 일어난 여러 가지 폭력적이고 반인권적인 역사적 사건들에 대한 회복적 정의를 모색하기 위한 진실 위원회를 설치해야 한다. 또 이를 통해 전 국가적으로 진실 규명과 용서, 화해의 길로 나아가야 한다. 이는 반드시 수행해야 할 국가적 과제다.

3) 용서하는 사람의 자격과 위치

그런데 이처럼 정치적 정황에서 벌어지는 용서에 있어 여러 가지 복합적 물음을 조명할 필요가 있다. 용서를 베풀 수 있는 사람은 누구인가, 누가 용서를 구해야 하는가, 무엇을 용서하고 어떻게 용서하는가 등이다. '권력' 문제가 개입된다는 점에서 이러한 물음은 '정치적' 물음이다. 개개인 사이에서 일어난다고 간주되던 용서가 이처럼 공적 공간에서 권력의 문제와 연계되면서 중요성을 띠게 된다. 특히 독재 정권에서 민주주의로 이행되는 과정에서 정치적 용서는 중요한 주제로 등장한다. 단순히 객관적인 정치적 제도의 변화만으로는 독재 정권에서 민주주의 국가로 충분히 이행되었다고 볼 수 없기 때문이다. 독재 정권이 가한 반인권 행위에 대한 진실 규명, 그리고 그에 따른 사죄와 용서, 화해의 과정을 거쳐야만 비로소 새로운 세계로 전환할 수 있다.

그런데 여기서 주목할 것은 정치적 용서에서 단지 '피해자'라는 사실만으로 '용서하는 사람'이 될 수 없다는 점이다. 정치적 권력의 불균형 상태에서는 아무리 피해자라도 '용서하는 사람'이 될 수 없으며, 가해자가 용서를 구하지도 않는다. 용서할 수 있는 권력을 획득했을 때 피해자는 비로소 용서할 수 있는 위치에 서고 용서하는 사람이 될 수 있다. 이렇게 피해자가 용서하는 사람의 지위를 획득하는 지점에 있을 때만이 정치적 용서가 가능해진다.

용서하는 사람의 지위와 용서하는 권력을 잘 드러내는 일화가 있다. 니카라과 산디니스타 혁명 정부의 한 장관이 감옥을 찾았다. 소모사 정권에서 니카라과인 5만여 명을 참혹하게 죽인 국가 경호대들이 수감된 곳이었다. 장관은 어느 감방에서 자신을 혹독하게 고문했던 경호원과 마주쳤다. 그때 경호원이 장관을 알아보고 물었다. "이제 내게 어떻게 보복할 겁니까?" 그러자 장관은 그에게 손을 내밀어 악수를 청하며 말했다. "당신을 용서합니다. 이것이 내 보복입니다."[28]

매우 단순해 보여도 사실상 정치적 용서의 복잡한 역동성을 드러내주는 이야기다. 이전에 혁명군으로서 혹독한 고문의 피해자였던 그는, 정치권력의 구조가 바뀌자 과거에 가해자로 자신을 괴롭히던 사람과 '권력 위치'가 뒤바뀌었다. 이는 모든 피해자가 언제나 용서하는 사람의 위치에 있는 것이 아님을 잘 드러낸다. 피해자와 가해자의 사회정치적 권력 관계가 뒤바뀌어야만 피해자는 비로소 용서하는 사람 위치에 서게 된다. 장관이 된 과거의 피해자와, 감옥에 수감된 가해자 사이에 권력 균형의 변화가 온 것이다. 장관이 자신을 고문했던 사람에게 "'용서'를 베푼 것이 자신의 '보복'"이라고 한 것은 의미심장한 메시지를 남긴다. 즉 자신의 적대자보다 도덕적으로 우월함을 보여줌으로써 진정한 보복을 하게 된 것이다.

정치적 정황에서 '누가 용서하는 사람이 되는가'라고 물을 때 또 한 가지 분명히 할 점이 있다. 국가 같은 정치적 집단이 '사면'을 할 수는 있지만 '용서'를 할 수는 없다는 사실이다. 정치적으로 야기된 피해와 상처라 해도, 용서는 피해 당사자인 개인만이 할 수 있다. 남아공의 인종 분리 정권에서 살해된 사람의 아내는 진실화해위원회 청문회에 나와서 말했다. "용서할 수 있는 정부는 없습니다. 정부는 나의 고통과 아픔을 알지 못합니다. 오직 나만이 용서를 할 수 있어요. 하지만 용서를 하기 전에 먼저 나는 진실을 알아야 합니다."[29] 이 이야기에서 정치적 용서의 중요한 전제조건 두 가지가 드러난다. '진실'에 대해 아는 것, 그리고 가해자가 잘못을 '인정'하는 것, 이 두 가지가 바로 정치적 용서의 전제조건이다.

4) 용서의 구성요소: 네 가지

진정한 용서가 가능하려면 네 가지 요소가 필요하다.

첫째, 용서는 사건에 대한 '기억'에서 시작된다. 이 기억은 단순한 기계적 기억이 아니라, 그 사건에 대한 도덕적 판단이 수반되는 '성찰된 기억'이다. 이를 위해서는 사건에 연루된 가해자와 피해자 사이에 그 사건에 도덕적 잘못이 있었다는 최소한의 동의와 협의가 이루어져야 한다. 남아공의 진실화해위원회에서 화해 이전에 진실위원회가 요청되는 이유가 바로 이것이다. 과거 사건에 대한 '공동 경험'이 있는 가해자와 피해자가 한자리에 모여 사건을 전체적으로 들여다보면서 진실을 밝히는 것은 용서의 중요한 첫 걸음이다. 이처럼 용서를 가능케 하는 구성요소들의 첫째 요소는 진실이며, 이를 밝히고자 구성된 '진실위원회'에는 다음 네 가지 특성이 있다. (1) 진실위원회는 '과거'에만 초점을 둔다. (2) 진실위원회는 전체적 맥락에서 '반인권적 요소'들만을 면밀히 검증하고 밝힌다. (3) 진실위원회는 규정된 시간 동안만 가동한다. (4) 진실위원회는 다양한 정보에 접근할 수 있어야 하며, 예민한 문제들도 안전하게 다룰 수 있는 권한 그리고 정보와 진실에 대한 보고서를 작성할 공적 권한을 부여받는다.

둘째, 용서가 가능하려면 복수심을 포기해야 한다. 이는 불의에 대한 '성찰적 분노' 또는 '도덕적 분노'를 포기해야 한다는 것이 아니다. 복수심이나 증오심에 가득 찬 '파괴적 분노'를 포기해야 한다는 말이다. 가해자에 대한 파괴적 분노를 근원적으로 없애지 않으면 대인 관계에서의 사적 용서든, 공적 공간에서의 정치적 용서든 진정한 용서가 불가능해진다.

셋째, 용서의 구성요소 가운데 하나는 가해자의 '인간됨'을 인정하고 받아들이는 '감정 이입'이다. 가해자를 악마나 적으로 보지 않고 그의 인간됨을 포용한다는 의미에서 볼 때 감정 이입은 동정심과는 다르다. 가해자도 피해자인 나의 '동료 인간'이라는 사실을 인정하는 것이다. 동정심은 동정받는 사람과 동정하는 사람 사이에서 한쪽은 우월하고 다른 한쪽은 열등하다는 '윤리적 위계주의'가 있을 때 작동된다. 감정 이입은 그러한 윤리적 위계주의가 아닌 평등주의를 통해 작동되는 감정이다. 가해자를 동료로 인식할 수 있을 때 그를 사회의 일원으로 받아들이고 지속적으로 관계할 가능성도 발생한다.

넷째, 용서의 네 번째 구성요소는 깨어진 관계의 회복에 대한 강한 열정이다. 피해자와 가해자 관계가 성립되었다는 것은 어떤 방식으로든 관계가 어긋났음을 의미한다. 가해자와 피해자 사이가 개인적 관계이든 공적 관계이든 간에 깨어진 관계의 회복과 개선을 위한 강한 의지가 작동되지 않으면 진정한 용서는 힘들다. 가해자를 용서한다는 것은 결국, 가해자를 공동체나 사회에서 받아들임으로써 그를 인정하고 깨어진 관계를 회복하겠다는 피해자의 굳건한 의지를 말한다.[30]

정치적 용서가 요청되는 경우는 대부분 한 나라에서 급격한 정치적 변화가 발생하고 독재 체제에서 민주주의 체제로 이행하는 시기다. 진실위원회들의 주요 목적은, 제대로 된 진실 규명을 하고 이를 기록으로 남김으로써 그러한 사건들이 역사에서 망각되거나 왜곡된 채 남아 있는 것을 방지하는 것이다. 진실 규명은 과거뿐 아니라 미래에 유사한 폭력의 역사가 반복되지 않도록 하는

사건에 대한
성찰적 기억

⇩

복수심의 포기

⇩

감정 이입

⇩

관계 회복에의
열정

〈용서의 네 가지 구성요소〉

데도 매우 중요한 작업이다.

　정치적 용서에서 살펴본 바, 용서란 두 가지 교차점에서 일어난다. 첫째, 사적인 공간과 공적인 공간이 서로 교차하는 지점이다. 즉 용서는 사적인 것만이 아니라 공적인 사회정치적 공간과 겹치며 일어나는 사건이라는 뜻이다. 둘째, 용서는 과거와 현재와 미래가 교차하는 지점에서 일어난다. 용서란 과거의 사건에만 머무는 것이 아니라 현재와 미래의 삶과도 깊숙이 연관되어 있다. 이러한 정치적 용서에서 중요한 것은 이해의 차원이다. 가해자가 '무엇'을 했는가 하는 진실 규명과 함께, '왜' 그러한 일을 하게 되었는지 이해하려는 노력과 의지가 필요하다는 뜻이다. 나아가 용서의 과정에서는 피해자와 가해자 모두가 인류 공동체에 속한 동료이며, 이 현재와 미래의 시간에서 '함께 살아감'을 나누는 존재임을 인식하는 과정이 일어난다. 평화로운 '공존의 세계'를 만들어가려면 용서는 필요조건이 된다.

넬슨 만델라 대통령이 남아공의 미래를 건설하기 위해서 "나는 나의 적들이 필요하다"[31]라고 말한 데는 이러한 배경이 있다. '나의 적들'이라고 모두 배격하고 보복한다면, 한 국가나 사회의 새로운 미래에 희망을 가지기는 참으로 어렵기 때문이다. 국가적 구조에서 일어난 참담한 폭력의 현실에 대한 정치적 용서가 필요한데 이는 단순한 일이 아니다. 몇 년이나 몇 세대에 걸쳐 이뤄져야하는 일도 있고, 한국의 위안부 문제처럼 여전히 이루어지지 않는 문제들도 산재해 있다.

5) 정치적 사죄

정치적 정황에서 용서가 필요할 때 하는 것이 '정치적 사죄'다. 이는 '국가 대 국가' 간에 혹은 국가의 잘못으로 피해를 입은 개인들에게 국가가 사죄하면서 '국가 대 개인(들)' 간에 일어나기도 한다. 이러한 정치적 사죄에 반드시 변상이 따르지는 않는다. 정치적 사죄는 국가적 차원만이 아니라, 특정한 공동체 안에서 갈등 관계에 있는 그룹 간에 일어나기도 한다. 이러한 정치적 사죄는 시민적 화해라는 이름으로 요청되기도 하고 자발적으로 행해지기도 한다.

2015년 8월 12일, 일본 전 총리 하토야마 유키오鳩山由紀夫는 서대문 형무소를 찾아 추모비 앞에 무릎을 꿇고, 묵념하고 큰 절을 올리며 다음과 같이 말했다.

"오늘 저는 일본의 전 총리로, 한 사람의 일본인으로, 또 한 명의 인간으로 서대문 형무소를 찾았습니다. 일제강점기 독립운동을 하신 분들이 고문을 당하다 목숨까지 잃는 일이 벌어졌던 이 자리에서 다시 그 사실을 떠올리며 진심으로 사죄의 말씀을 드립니다."[32]

물론 하토야마 유키오는 일본의 식민화 과정에 직접적으로 참여한 사람은 아니다. 그가 '전 총리', '일본인', 그리고 '인간'으로서 사죄한다며 세 가지 범주를 언급한 것은 매우 흥미롭다. 식민지 종주국의 정치인으로서, 그리고 국민으로서 책임감을 느끼고 사죄한다는 말은 통상적으로 이해할 만하다. 그런데 마지막 범주가 매우 흥미롭다. 그는 왜 '전 총리'와 '일본인'에서 끝내지 않고, 인류 보편의 범주인 '인간'을 사죄에 포함시켰을까.

하토야마 유키오 전 총리가 어떤 자신만의 철학이 있어서 '인간으로서' 식민주의 폭력성에 대해 사죄했는지는 알 수는 없다. 또한 '사죄의 고백'이 치밀하게 계산된 '정치적 퍼포먼스'인지, '순수한 사죄'인지 측정하고 판가름하기도 불가능하다. 그런데 나는 이런 '정치적 사죄' 역시 한 개별인이 인간으로서 느끼는 '개인적 사죄'라는 의미에서 완전히 동떨어진 것이 아님에 주목한다. '한 명의 인간으로' 사죄한다는 표현은, 우리가 경험하는 혹은 우리의 현실 세계에서 벌어지는 다중적 억압과 폭력 현상을 보고 있는 '나'는 어디에 있는지 성찰하도록 한다. '나'의 주변 세상에서 다양한 폭력·차별·억압·증오가 끊임없이 자행되는데도 '나'는 직접적인 가해자가 아니라는 이유로 아무런 책임 없는 '방관자' 노릇만 하는지, 정치적 사죄가 어떤 방식으로 개별인들과 연계되는지는 생각해보아야 할 중요한 주제다.

그러나 이러한 '사죄'는 '용서'와는 다르다. 사회적 사죄에서는 용서와는 달리 사죄하는 쪽과 사죄를 받는 쪽의 균등성이 존재해야 한다. 정치적 사죄는 대부분 '대리' 형태로 나타난다. 즉 직접 잘못을 한 사람이나 집단이 아니라, 그들을 '대신하는' 사람이나 집단이 잘못을 사죄한다. 사죄를 하는 사람이나 사죄의 대상이 되는 사람 대부분이 그 잘못에 직접적 관계가 있는 가해자나 피해자가 아니다. 용서의 정치적 역할에 대한 논의에서 '정치적 사죄'의 가장 유명한 예로는 앞서 소개한 남아공 진실화해위원회 위원장 데스몬드 투투 주교를 들 수 있다. 그는 남아공이, 강력한 인종

차별 정책을 펼치다가 민주국가로 이행하는 단계에서 자신의 글과 위원회 위원장이라는 직책을 통해 정치적 사죄의 의미를 공론화하는 데 기여했다.

4. 형이상학적 용서

형이상학적 용서는 이 세상의 다층적 불완전성으로 인해 야기되는 '르상티망'을 넘어서려는 의도적 노력을 의미한다.[33] 인간은 죽음, 질병, 육체적 쇠퇴, 스스로의 불완전성으로 인해 서로가 다양한 상처와 폭력을 주고받으며 자연적 또는 도덕적 악이 난무하는 세계에서 살아간다. 인간은 이러한 불완전성의 세계를 '용서'할 필요가 있다. 분노나 분개를 의미하는 단어가 영어로는 'resentment'인데 프랑스어로는 여기에 's'가 하나 더 붙은 'ressentiment'이다. 한국어로는 번역하지 않고 르상티망이라고 음역하는 경우가 많다. 키에르케고르 Søren Aabye Kierkegaard가 처음 소개하고, 후에 니체 Friedrich Wilhelm Nietzsche가 복합적으로 다룬 르상티망은 분노보다도 훨씬 광범위하고 복합적인 의미로 쓰인다. 이는 복수심·악의·시샘·질투뿐 아니라 두려움과 의심, 자신을 번거롭게 한다고 느껴지는 대상이나 사람에 대한 증오와 무력감, 자존감의 상실, 그리고 니체가 묘사한 바 세상이 불공평하다는 생각에 늘 사로잡히는 것 등 수많은 복합적 감정이 오랫동안 축척되어 내면에 자리 잡은 것으로 단순한 분노보다 훨씬 복합적인 감정의 응어리라고 할 수 있다. 이러한 개념의 르상티망은 니체가 만들어냈다. 《차라투스트라는 이렇게 말했다》의 '복수에 대하여'에서 니체는 이를 "복수의 정신spirit of revenge"이라 부른다.[34] 용서는 르상티망을 치유하기 위한 매우 흥미로운 대안이다. 그것은 과거의 사건을 재조명하고, 재해석하고, 재구성함으로써 과거의 특정한 의지를 허용하기 때문이다. 형이상학적 르상티망을 벗어버리는 것은 용서 외에도 여러 가지 의미를 지닌다. 알베르 카뮈Albert Camus가 《시시포스의 신화Mythe de Sisyphe》에서 보여준 것처럼 시시포스가 삶의 부조리를 인정하는 데서 느끼는 '행복' 같은 것이 가능하다는 말이다.[35]

형이상학적 용서의 핵심은 '나 자신의 인간됨' 그리고 나의 '내면세계'가 파괴되지 않고 보호되도록 하는 것이다. 즉 형이상학적 용서는 이 세상의 불의하고 부당한 일에 대한 적절한 분노나 관심까지 모두 없애버리는 것은 아니다. 이 세상과 내 주변, 그리고 나에게 일어나는 일들이 지닌 다양한 문제점과 대면하고 이에 반응하면서도 결코 파괴되지 않도록 지켜내야 하는 것, 그것은 너무나도 중요한 '나와 나 자신의 관계'다.

'나와 나 자신의 관계'에서 평화와 평안을 지켜내야 한다. 외부의 부정적 일로 나도 모르게 부정적 삶의 에너지가 쌓이고 내면세계에 르상티망이 축적될 때, 나의 인간됨은 부식되고 파괴되기 쉽다. 이것이 형이상학적 용서가 중요한 이유다. 형이상학적 용서는 이 '세계 안의 존재로서 나'의 인간됨을 지켜내기 위해 요청되는 중요한 터전을 마련해준다고 할 수 있다. 어쩌면 우리는 날마다 이 형이상학적 용서를 조금씩이라도 시도하는 가운데 우정·의사소통·사랑·정의·평화 등 인간의 지순한 가치들이 실현되는 '순간의 경험'을 할지도 모른다. 그리고 그러한 경험은 어두운 나날들을 힘겹게 살아길지라도 가느다란 빛줄기 역할을 하면서 삶을 의미 있게 하는 동력이 되어준다.

5. 용서의 오용 : 수단으로서의 용서

용서는 유한한 인간의 삶에서 가장 중요한 주제 가운데 하나라고 할 수 있다. 용서가 없다면 인간은 무수한 오류와 잘못에 둘러싸여 삶을 지속하기 어려울 것이다. 그런데 외부에서 용서를 강요하거나 특정한 정치적 목적 때문에 하나의 정치적 프로파간다가 될 때, 용서의 의미는 왜곡되고 오용된다. 용서는 자발적 행위여야 한다. 특정한 목적을 이루는 수단으로 차용되는 순간 이미 용서는 진정성을 상실한다. 정치적 혼란과 갈등을 겪고 난 후 사회정치적 안정을 이루려는 단계에서 종종 용서의 왜곡과 오용이 일어난다.

프랑스의 유대인 철학자 블라디미르 장켈레비치ǀVladimir Jankélévitch는 2차 세계대전 종전 후, 나치 정권의 피해자들에게 독일인 가해자들을 용서하라는 요구가 고조되자 매우 분노한다. '우리가 그들을 용서해야 하는가'라는 유명한 글에서 그는 "용서란 나치의 죽음의 수용소에서 죽었다"라고 선언한다.[36] 장켈레비치는 살해자들이 용서받기를 원한다면 먼저 그들이 가스실에서 죽인 어린이들에게 용서를 구해야 한다고 강조한다. 만약 생존자들이 고려할 도덕적 과제가 있다면, 그것은 살해된 사람들만 생각하면 분노가 치미는 화해할 수 없는 "기억을 영원히 보존하는 것"이라고도 했다. 생존자들의 도덕적 과제는 나치 정권에서 유태인들을 살해한 가해자들을 용서하는 것이 아니라, 살해된 피해자들에 대한 끔찍한 기억을 영원히 보존하는 것이라는 장켈레비치의 말은 시사하는 바가 크다.

한나 아렌트도 종전 후인 1960년대에 독일이 즉각적 화해 가능성을 모색하는 것에 대해 그처럼 즉각적 화해를 추구하는 분위기는 나치 정권의 자기기만적 태도를 드러낼 뿐이라고 비판했다. 장켈레비치와 아렌트가 보여주는 용서에 대한 비판적 태도는 용서라는 행위 자체보다는, 사회정치적 공간에서 하나의 '수단'으로 쓰이는 '용서의 오용'에 대한 비판이라고 볼 수 있다. 아렌트는 《인간의 조건The Human Condition》에서 용서는 인간의 도덕적 기준을 구성하는 가장 중요한 두 가지 원리 가운데 하나임을 강조한다. 용서는 과거의 행위에서 인간을 끄집어내면서, 새로운 미래를 구상하고 약속하게 하는 중요한 행위다. 불완전한 인간을 과거의 잘못에서 풀어주는 용서가 없다면, 모든 인간은 끊임없이 자신을 과거의 잘못에 매어놓음으로써 새로운 미래를 약속할 수 없기 때문이라고 아렌트는 강조한다.[37]

이러한 맥락에서 볼 때 아렌트나 장켈레비치가 용서에 대한 사회정치적 요구에 보이는 관점은 나치 정권에서 이루어졌던 극도의 살상과 폭력에 대한 철저한 반성과 숙고 없이 피해자들에게 용서를 요구하고 그 용서가 너무나 쉽게 하나의 '정치적 수단'이 되는 데 대한 비판이라고 볼 수 있다. 또한 자발적 용서가 아니라, 사회정치적 정황에서 요구되는 용서에는 피해자들이 저항한다는 사실도 보여준다. 특히 종전 후 다양한 비정부 기관들, 의료계 종사자, 갈등 조정관은 물론 종교 지도자들이 사회정치적 화해를 위한 용서를 강조하기 시작했는데 개인적이고 사적 차원을 넘어 이처럼 공적 영역에서 용서가 본격적 관심을 받게 된 것은 매우 특이하고 새로운 현상이다.

예를 들면 르완다나 남아프리카공화국처럼 극도의 사회정치적 갈등 이후 새로운 사회로 전이하려는 나라에서는, '과거 체제'에서 '현 체제'로 이행하는 과정에서 국가적 차원의 화해를 요청하고 용서의 필요성을 강조하게 되었다. 이전의 독재적·차별적·폭력적 체재에 희생당한 피해자들에게 가해자를 '용서하라'는 공적 압력을 보이게, 혹은 보이지 않게 가하는 상황이 된 것이다. 종교 지도자들은 피해자들이 가해자들에게 '무조건적 용서'를 베푸는 것을 공개적으로 칭송하고 제안했다. 국가적이고 공적인 차원에서의 '화해를 위한 용서'를 무분별적으로 피해자들에게 강요하는 상황이 등장한 것이다. 피해자가 가해자를 용서하는 것이 개인의 정신건강과 사회적 화해의 성립에 도움이 된다는 이야기는 모두가 할 수 있다. 그러나 이러한 '상식적 전제'를 근거로 매우 다양한 상황의 피해자들을 '무조건적 용서'를 강요하는 분위기로 몰아간다면 피해자들을 진정으로 보살피고 배려하는 태도가 아니다. 이는 '사회적 통합'을 이루기 위해 용서를 강요하는 '용서의 수단화'가 되어버린다. 몇 가지 예를 살펴보자.

라이베리아에서 대량 학살에 가담한 정치 지도자가 있다. 그는 자신이 행한 끔찍한 범죄들을 낱낱이 밝히는 리스트를 작성해 잘못을 고백했다. 그러면서 피해자들과 생존자들에게 용서를 구할 뿐 아니라 '용서 심의회'를 구성하는 것이 '올바른 방식'이라고 요구했다. 무수한 사람에게 극단적 폭력을 행사하고 대량 학살을 한 당사자가 마치 '죄를 고백'하기만 하면 당연히 용서가 주어져야 한다는 태도를 보이는 것은 특히 그 대량 학살에서 생존한 사람들에게는 당황스럽고 상상하기 어려운 일이다.

1994년 4월부터 7월까지, 80만 명 이상의 사람들이 르완다에서 집단 학살을 당했다. 하지만 그 끔찍한 범죄에 가담한 사람들을 일일이 찾아내기란 불가능한 상황이었다. 결국 2003년 약 8만명이 '인권 범죄human-rights crime'라는 죄목으로 수감되었다. 르완다의 집단 학살은 한나 아렌트의 표현을 빌리면 "처벌하거나 용서하는 것조차 불가능한 범죄"가 있음을 보여주는 끔찍한 상황이었다. 그런데 이러한 상황에서 생존자들과 피해자들에게 가해자들을 용서하라는 국가적 차원의 요구가 하달되었다. 2002년 폴

용서에 대하여

카가메|**Paul Kagame** 대통령은 국민적 차원에서 용서를 독려했다. 또한 2006년 집단 학살 12주년 행사에서 "르완다의 미래를 위해서 진실을 대면하고, 관용하고, 용서함으로써 르완다 국민들에게 존엄성을 부여하라"고 재차 강조했다.[38] 그러나 대통령을 비롯한 다양한 민간 단체, 교회 들이 이렇게 용서를 독려하고 권장하는데도, 생존자들은 그 권유를 거의 수용하지 않았다. 생존자 가운데 한 사람은 대량 학살을 집행한 사람이 용서를 구한다는 소식을 전달받자, "일요일을 포함해 한 달 전체를 사람 죽이는 일로 보낸 바로 그 사람이라면, 도대체 그는 무엇을 용서받을 수 있을까요?"[39] 라고 응답했다.

이렇듯 특정한 정치적 맥락에서 돌연히 용서가 '도덕적 덕목'이나 '사회정치적 선'으로 고양되고, 다양한 통로로 피해자들에게 그러한 '선'과 '덕목'의 실천을 강요하는 주변 분위기를 만들어 간다면, 이는 피해자에 대한 또 다른 폭력일 수 있다. 또한 이것은 인간의 삶에 매우 중요한 용서가 성급하고 무비판적 방식으로 차용됨으로써 용서를 값싸게 만들고 왜곡하는 경우라 볼 수 있다. 데리다는 남아공 같은 곳에서는 사회정치적 화해를 위해 용서가 '극장적 공간theatrical space'에서 벌어진다고 표현한다.[40] 극장에서 배우들이 연기하듯이 용서를 '연기'하는 상황이 되어버리는 것이다. 따라서 집단적 차원에서 용서가 강요되고, 하나의 정치적 퍼포먼스나 정치적 '수단'이 되는 것을 비판적 관점에서 조명해야 한다. 용서를 최고의 덕목과 선으로 치켜세우고, 피해자들에게 그 덕목을 행사하라고 요구하는 분위기에서 용서는 낭만화되고 이상화될 위험에 빠진다. 낭만화된 용서는 용서의 과정에서 요구되는 엄중한 윤리적 판단 과정을 생략시키며, 구체적 정황을 무시하게 한다. 이로써 '탈역사화'한 왜곡된 용서를 강요한다. 이렇게 사회정치적 공간에서 이상화되는 용서는 다음과 같은 심각한 문제점을 낳는다.

첫째, 용서라는 개념의 왜곡이다. 용서에 대한 사람들의 이해는 저마다 다르다. 용서를 망각으로 이해하는 사람도 있고, 분노의 감정을 모두 내려놓는 것으로 이해하는 사람도 있다. 용서가 사회적 통합을 위한 '화해'라는 정치적 목적을 이루는 수단으로 종종 차용되기도 한다. 용서의 의미에 대해 치열하게 논의하고 포괄적 이해를 위한 사회정치적 공유 과정을 생략한 채 막무가내로 강요되는 용서는 그 심오한 차원을 왜곡할 수 있다.

둘째, 피해자들이 처한 구체적 상황을 외면하는 것이다. 사실 '피해자'라는 범주는 구체적 피해 상황 모두를 담을 수 있는 그릇이 아니다. 용서는 최고의 덕목이고 선이므로 무작정 "피해자가 용서해야 한다"라는 말에는 피해자와 '함께-고통함'이라는 연민의 차원이 결여되어 있다. '피해자'라는 집단의 표지가 아닌, 개체적 존재로서의 개별적 인간이 경험한 상처와 피해 등 구체적인 경험에 집중함으로써 연민과 연대 행위를 우선시할 필요가 있다.

셋째, 용서하지 못하는 피해자들을 '집단적으로 심판'함으로써 다시금 피해 주고 상처를 입힌다는 것이다. 용서는 최고의 도덕적 덕목이고, 인간적 너그러움이며, 시민으로서의 덕이고, 구원에 이르는 길이라며 다양한 방식으로 용서가 은밀하게 '강요'되는 사회정치적 정황에서는 용서하겠다는 사람들이 위대한 사람으로 칭송받는다. 그러나 용서하지 못하는 사람들은 도덕적 덕이 없는 사람, 종교적으로 충분히 성숙치 못한 사람, 사회정치적 공동선을 이루지 못한 사람이라는 낙인이 찍힐 수 있다. 그들이 용서하지 못하는 이유에 근원적 관심을 가지기보다는, '용서하는 사람'과 '용서하지 않는 사람'으로 이들을 단순하게 범주화한다.

예를 들면 용서하지 못하는 사람과 용서하겠다는 사람은 용서를 서로 다르게 이해할 수 있다. 즉 용서를 망각으로 이해하거나, 어떠한 분노 감정도 가져서는 안 되고 가해자를 처벌해서는 안 되는 것으로 이해한다면 용서가 불가능하다는 쪽으로 결론이 나온다. 이때 용서가 단순하지 않고 복합적인 것이며, '파괴적 분노'가 아닌 '성찰적 분노'를 그대로 지니면서도 용서가 가능하다고 이해한다면 피해자는 점차 용서의 가능성에 마음의 문을 열 수 있다.

용서를 거부하면 종종 도덕적으로 실패한 사람이라느니 심리적 문제가 있는 사람이라느니 비판을 받는다. 특히 정치 지도자나 종교 지도자들이 공적 정황에서 노골적으로 용서를 권고할 때는 피해자들의 용서에 대해 충분한 이해, 용서를 위한 준비와 결단, 용서의 마음가짐에 필요한 인내의 기나긴 과정들을 무시하거나 생략하게 만들 수 있다. 사람은 저마다 품성이 다르다. 특히 상식적으로 이해하기 어려운 집단 학살이나 폭행 등 잔혹한 경험을 한 사람들에게 일괄적으로 동일한 것을 요구하면 이는 또 다른 폭력일 수 있다. 용서에 저항하는 이들을 포용하고 이해해야 하는 이유다. 용서가 강요되거나, 용서 자체가 아닌 다른 목적을 위해 수단으로 쓰일 경우, 용서의 의미가 왜곡되고 남용된다는 점을 기억해야 한다.

용서에 대하여

4장

용서와 종교

1. 종교적 용서: 기독교를 중심으로

이 장에서는 기독교를 중심으로 종교적 용서를 다루고자 한다. 모든 종교를 다루려면 여러 가지 제약이 있기 때문이기도 하지만, 무엇보다도 현재의 다양한 용서 담론이 형성되는 데는 기독교 사상이 중요한 역할을 해왔기 때문이다. 기독교의 가장 중요한 가치 가운데 하나는 용서라 할 수 있다. '용서'라는 개념이 직접적으로 등장하든, 그렇지 않든 성서를 통해서 형성되는 기독교적 가르침의 많은 부분은 용서를 전제로 한다. 기독교가 서구 문명 형성의 근간을 이루어왔다는 사실을 생각해볼 때, 용서라는 개념이 기독교 전통에서 매우 중요한 자리를 차지한다는 사실은 시사하는 바가 크다.

유대-기독교 사상은 아리스토텔레스 사상과 함께 서구 문명을 이루는 두 가지 중요한 사상으로 간주된다. 세계화 이후 우리는 더는 지리적으로 서구 세계에만 국한되지 않는 세상에 산다. 우리는 일상생활은 물론 정치·경제·문화·예술·학술·교육 등 모든 분야에 서구가 '무소부재無所不在'한 시대에 살고 있다. 사적 영역과 공적 영역에서는 이제 어디까지가 '서구'이고 어디까지가 '비서구'인지 분명한 선을 그을 수 없는 시대를 살아가는 것이다. 즉 21세기에는 지리적으로 어느 지역에 살든 이른바 '서구적인 것'의 영향에서 벗어나는 것이 불가능하다. 다양한 방식으로 '서구'는 그 세계적 보편성을 확보한다.

이러한 서구의 이른바 무소부재성을 구체적 현실에서 경험하면서, 이제 우리의 물음이 달라지고 관심의 전환이 필요한 때가 왔다. 예를 들면 어떤 것이 '서구적'인가 또는 '한국적'인가라는 물음에는 사실상 아무 실질적 의미도 없다. 오히려 어떻게 "우리 사회에 정의·평등·평화를 확장"하고, "다양한 정황에서 살아가는 개별인들이 한 인간으로서의 권리와 존엄성이 존중되는 사회를 만들어가야 하는가"라는 물음에 관심을 가져야 한다. 이러한 맥락에서 볼 때 '기독교'를 단지 '서구 종교'로만 보거나, 용서 담론을 비롯해 인권·자유·해방 등 서구에서 형성되어온 다양한 담론이 단지 서구에 사는 사람들에게만 적용되어야 한다고 보는 것은 잘못이다. 그것은 지리적 구분처럼 뚜렷하게 '서구─한국'의 경계 나누기가 불가능한 시대를 사는 우리의 구체적 현실을 외면하는 결과를 가져오기 때문이다. 이러한 맥락에서 기독교의 용서 담론을 살펴보는 것은 종교적 용서의 이해에 중요한 단서를 제공해준다.

현재 세계적으로 회자되는 용서에 관한 학술서들은 물론, 우리가 모색해야 할 보편 가치들인 정의·평등·인권 등의 개념을 조명하고 복합화하고 심화하는 일, 또한 출판물들과 변혁 운동, 제도화 등을 통한 이의 확산의 시작된 곳이 서구라는 것은 인정하지 않을 수 없는 사실이다. 그리고 그 서구를 구성하는 근저에 기독교라는 종교가 자리 잡고 있음을 우리는 부인할 수 없다. 이러한 의미에서 장-뤽 낭시는 세계화 이후의 기술과학, 민주주의와 법, 영화나 음악 등 여러 가지 양상을 볼 때 "서구는 더는 서구로 불릴 수 없다"고 말한다.[41] 21세기에 우리가 관심을 두어야 할 것은 어떤 특정한 사상이나 이해가 "서구적인가 한국적인가" 하는 원론적 물음이 아니라, "어떻게 정의·평등·포괄의 사회를 만들어가야 하는가"다. 동시에 "어떠한 이론이나 이해가 이러한 세계를 만들어가는 데 유용한 분석적 도구가 될 것인가"라는 물음이다. 이러한 맥락에서 기독교의 용서 개념을 조명해보자.

예수는 기독교를 유대교나 이슬람교에서 분리한 결정적 인물이며, 종교로서의 기독교에서 가장 중심적 위치에 있다. 그 예수는 용서에 대한 다양한 가르침을 주었다. 그가 삶의 마지막 순간, 즉 십자가에서 죽음의 순간에 한 말이 용서에 관한 것이었다는 데는 중요한 의미가 있다. 예수는 신에게 자신을 십자가에 처형하는 이들을 용서해달라고 기도한다. 그들이 자신이 하는 일이 "무엇인지 모른다"는 것이 용서를 기원한 이유다.[42] 또한 모든 기독교인들이 암송하는 예수가 가르친 〈주기도문〉은 "우리가 우리에

게 잘못한 이들을 용서하는 것처럼 우리의 잘못을 용서해달라"는 용서의 가르침을 담고 있다.[43]

기독교 전통에서 인간의 죄성에 대한 인식은 인간에게 용서가 주요한 것으로 자리 잡게 했다. 구약성서 〈창세기〉에 나오는 에덴동산 이야기는 개인적으로 그리고 집단적으로 '죄인'이라는 것이 인간의 조건임을 잘 보여준다. 인간은 신이 먹지 말라고 금한 선과 악을 분별하게 해준다는 '지식의 나무' 열매를 먹고 신을 거역하는 존재로서 동산에서 추방당하는 동시에 신에게서 소외된다. 그리고 추방당한 인간 아담과 이브는 비로소 자신들이 벌거벗었다는 사실을 인식하게 된다.[44] 물론 이러한 이야기에 담긴 신학적·철학적·종교적 의미와 그에 대한 해석은 매우 복잡하다.

구약성서와 신약성서에 따르면, 신은 인간을 다시 공동체로 되돌아오게 하고자 다양한 방식으로 인간과의 화해를 모색한다. 이러한 '신의 화해'는 인간이 죄성을 인정하고 받아들이면서 신의 용서를 받겠다는 의지와 열린 마음을 가질 때 비로소 가능해진다. 이런 의미에서 볼 때 용서와 화해는 인간이 '죄인'으로서 신과의 관계 그리고 타자들과의 관계를 회복하려는 강력한 마음을 가져야 한다는 것을 의미한다. 그런데 이 이야기는 이러한 용서와 화해가 전적으로 신에게 의존한다는 사실 또한 강조한다. 또 다른 중요한 점은 신의 용서를 받는 데 결정적으로 중요한 것이 타자를 용서하는 마음이라는 점이다. 성서는 "당신에게 잘못을 한 당신의 이웃을 용서하시오. 그러고 나서 당신이 기도할 때 당신의 죄가 용서를 받을 것입니다"라고 한다.[45]

이는 신의 용서의 전제조건이 바로 타자를 용서하는 것임을 강조하는 구절이다. 이는 두 가지 사실을 제시한다. 첫째, 타자를 용서함으로써 자신의 '인간됨', 즉 인간으로서의 휴머니티를 유지하라는 말이다. 둘째, 타자를 용서함으로써 '인류 공동체'와 자신을 다시 연결하고, 그 인류 공동체 안에서 살아가야 한다는 사실을 기억하고 실천하라는 의미다. 즉 용서의 행위란, '나'는 사실상 나에게 잘못을 한 '너'와 비슷한 사람이란 사실을 받아들이고 이를 통해 '나와 너'의 연결성을 다시 인식하게 하는 것이다. 이렇게 한 인간이 용서를 경험한다는 것은 타자들이 인간이란 사실을 받아들이는 것과 같은 의미다. "우리가 우리에게 잘못한 이들을 용서하는 것처럼 우리의 잘못을 용서해달라"고 한 예수의 〈주기도문〉은 우리가 신에게 용서받는 것의 전제조건은, 우리 스스로가 먼저 타자를 용서하는 것임을 분명히 한다.

이렇듯 성서적 전통에서 용서는 중요하고 핵심적인 가치 가운데 하나다. 용서를 통해서 인간은 자신이 속한 공동체가 파괴되지 않고 그 통전성을 유지하게 하기 때문이다. 용서에 대한 성서적 전통은 인간이 자신의 죄성과 마주하는 동시에 타자에게 용서로 자비를 베풂으로써 신과 타자 앞에서 책임적 존재가 될 것을 촉구한다. 또한 용서란 과거에 의해서 결정되는 미래가 아닌, 과거에서 벗어난 자유롭고 새로운 미래의 가능성을 열어놓는다. 안토니 필립스Anthony Phillips는 "용서가 없다면 이 세상은 과거에 사로잡힌 채 불평과 고역으로 가득 차게 되어 평화란 있을 수 없다"[46]고 용서의 중요성을 강조한다.

용서는 인류 공동체를 '과거의 감옥'이 아닌 새로운 미래에 열어놓으며, 개인의 안녕과 온전한 삶을 위해서도 중요하다. 따라서 많은 사람들은 용서가 인류의 평화를 지키는 데 커다란 의미를 지닌다고 이해한다. 물론 거시적으로 볼 때 이러한 이해는 매우 중요하다. 그런데 이렇게 인간의 구체적 정황과 연결하지 않는 '거시적 이해'만 있을 때, 용서란 말을 구체적 일상에 자리 잡은 것이 아닌, 매우 추상적인 것으로 이해하기 쉽다. 자신과 타자에 대한 개방성, 삶이 지닌 신비에 대한 개방성, 자비에의 개방성 등 용서가 지향하는 가치가, 현대 자본주의의 삶이 추구하는 보고 만질 수 있는 가치들과 상치된다는 것이 그 이유일 수 있다. 이러한 의미에서 용서를 종교적 영역에 속하는 주제로 생각하는 사람들이 많다. 이들은 용서를 구체적인 사회정치적 영역에서 분리된 '영적'인 것으로 간주한다. 인간의 '육체적 측면(사회정치적 영역)'과 '영적 측면(종교적 영역)'을 각기 다른 별개의 것으로 보는 이분법적 사유 방식이 여전히 작동하는 경우다. 이 같은 사회문화적 분위기에서 사람들은 '정의'는 징벌로, '자비'는 나약함으로, '강인함'은 다른 이들을 지배하는 힘과 동일한 것으로 생각하게 된다.

용서에 대하여

용서는 인류 공동체가 인간성을 유지하면서 공동체성을 유지하고 그 속에서 살아가는 개별인들이 열린 삶을 창출하기 위한 중요한 가치 가운데 하나다. 고도의 테크놀로지의 발달과 상업주의의 팽만은 이 용서라는 '보이지 않는 가치'를 외면하게 한다. 이런 측면에서 볼 때 '보이지 않고 만져지지 않는 가치'의 중요성을 강조하는 종교나 철학은 인간이 자신의 인간됨을 유지하게 하는 의미심장한 보루가 되어야 한다. 제도화된 종교가 인간의 평등·평화·용서 등 '보이지 않는 가치'를 물질적 성공과 양적 확장 같은 '보이는 가치'로 대체하면서 이것만이 신의 은총과 축복이라고 왜곡한다면 그것은 종교의 위기뿐 아니라 인류 공동체의 위기를 초래할 수 있다.

2. 용서와 신: 용서에 신이 필요한가

"신 없이도 용서는 가능한가?" 이는 무수한 사람들이 씨름해온 주제다. 특히 이 질문은 아리스토텔레스의 사상과 함께 서구 문명의 근간을 이루는 두 가지 주요한 사상 줄기 가운데 하나로 간주되는 기독교적 맥락에서 신학은 물론, 철학과 문학의 소재가 되어왔다. 예를 들면 아이리스 머독Iris Murdoch은 자신의 26권의 소설에 등장하는 인물들을 통해 다양한 방식으로 이 질문과 씨름한다.[47] 그런데 이는 종교의 범주에 있는 사람들은 물론, 소위 탈-기독교 시대, 탈-종교 시대에 들어선 사람들에게도 중요한 질문이 된다. 서구 사회가 탈기독교 시대에 접어들었다는 지금도 여전히 용서와 신의 문제를 관련 짓는 것은 무엇 때문인가. 이른바 '신 죽음의 시대'에도 여전히 용서에는 신이 필요한가. 전통적 의미의 신이 더는 존재하지 않는다는 '신 죽음의 시대'에도 여전히 용서에 신의 존재가 어떠한 의미를 지니는가에 대한 논의는 지속된다.[48]

2장에서 논의한 것처럼 용서가 진행되는 과정은 다음과 같은 다섯 단계로 구분할 수 있다. 첫째, 가해자에 대한 본능적 분노나 파괴적 분노의 포기. 둘째, 도덕적 빚의 탕감. 셋째, 가해자와 적어도 '중성적'인 관계 회복. 넷째, 가해자에 대한 정죄적 판단의 말소. 다섯째, 가해자의 죄를 용서한다는 선언. 물론 이 다섯 가지 단계마다 각기 다른 특성이 있지만, 기능적으로 혹은 경험적으로 서로 겹치곤 한다. 이 다섯 과정은 점진적으로 이루어지기도 하고 어느 순간 한꺼번에 이루어지기도 한다. 사람마다 '무엇이 용서인가'에 대해 동일하게 이해하는 것이 아니므로 다섯 항목 가운데 한두 가지만 이루어져도 용서로 간주할 수 있으며, 이 모든 조건이 충족되지 않으면 용서가 '미완성'으로 남아 있다고 생각하는 경우도 있을 것이다. 이러한 맥락에서 볼 때 적어도 다섯 가지 측면 모두가 충족되었다면 '완성된 용서'로 간주할 수 있을 것이다. 그런데 이러한 용서의 과정에서 신 또는 종교는 어떠한 역할을 하는가. 기독교의 예를 들어보자.

기독교라는 종교 공동체는 다양한 방식으로 용서를 격려하고 용서가 가능하게 만든다. 용서를 촉진하는 다섯 가지 영역을 살펴보면 첫째, 피해자의 신에 대한 믿음. 둘째, 기도 생활. 셋째, 종교적 예식과 그 공간들. 넷째, 기독교 정신과 비전. 마지막으로 다섯째, 신앙 공동체라고 할 수 있다. 물론 모든 기독교 공동체가 이러한 다섯 가지 요소를 갖추고 있지는 않다 해도 대부분의 기독교에서 이를 찾아볼 수 있다. 그렇다면 이러한 다섯 가지 요소가 어떻게 용서를 촉진하고, 용서가 가능해지도록 긍정적 역할을 하는지 살펴보자.

1) 신에 대한 믿음

피해자가 신에 대한 믿음을 지닌 사람이라고 하자. 이 믿음은 자신에게 잘못된 일이 발생할 때 그 경험을 어떻게 받아들이는가 하는 문제에 커다란 영향을 미친다. 예를 들면 자신에게 누군가 잘못을 저지를 때 신을 믿는 사람은 자신을 보호하고 지켜주는 막강한 존재가 자기 뒤에 있다고 생각한다. 그리고 자신에게 벌어진 일들이 내면화되어 결국은 자신을 파괴하고 마는 일은 하지 않는다. 자신을 보호해주는 신이라는 존재에 대한 믿음이 있기 때문이다. 한 개인이 당한 잘못된 일들은 사실상 종합적 판단에 영향을 주기보다는 자신이 상처받기 쉬운 '연약한 존재'라는 인식을 갖게 하기 때문이다. 하지만 신에 대한 믿음이 있는 사람들은 '신'이라는 존재가 자신을 지켜준다고 믿기에, 어떤 일이 일어나도 커다란 위협으로 느끼지 않으며 자신은 안전하다고 생각한다.

이처럼 피해자의 신에 대한 믿음은 용서에 대한 경험에도 커다란 영향을 미친다. 종교인은 대부분 신을 '누구든 사랑하는 존재'

용서에 대하여

로 간주한다. 따라서 '죄인'으로서의 인간도 그러한 신의 사랑을 원한다는 생각 때문에 피해자는 가해자에게 훨씬 관대해진다. 피해자는 인간이 죄인이라고 인식하는 동시에 신이 그 죄인을 용서하고 사랑한다고 믿는다. 따라서 피해자는 신에 대한 자기 믿음의 연장선상에서 가해자를 용서하고 이해하게 된다. 자신뿐 아니라 가해자도 신이 사랑하고 용서하는 존재라고 생각함으로써 가해자를 용서하는 데 있어 훨씬 열린 마음을 갖는다고 볼 수 있다. 나아가 종교인들은, 신이 인간의 죄와 잘못을 용서할 뿐 아니라 사랑을 통해 '새로운 존재'로 태어나게 하고 새로운 삶을 살게 한다는 신념이 있다. 이러한 종교적 믿음은 피해자가 가해자를 '악마'나 구제 불능의 '나쁜' 사람으로 인식하는 것을 막는다. 이처럼 가해자에 대한 시선이 바뀔 때 가해자에 대해 전적으로 부정적이었던 마음이 점차 바뀌고 용서를 가능케 하는 여러 조건이 형성된다.

2) 기도와 명상의 의미

기독교를 포함한 다양한 종교에서는 명상이나 기도를 중요한 종교적 실천으로 보고 행한다. 기도 또는 명상이 지닌 중요한 기능 가운데 하나는 일상적 삶에서 한 걸음 뒤로 물러서서 여러 가지 근원적 질문을 던지며 삶을 돌아보고, 자신과 관계된 사람들에 대해 생각하는 독특한 시간과 공간을 갖게 하는 것이다. 하루하루의 일상적 삶에서 자신을 분리해 이러한 특별한 시공간에 자신을 내려놓는 것이 바로 기도 또는 명상의 시간이다. '기도의 시간'이라 부르든, '명상의 시간'이라 부르든 이러한 시간은 자신의 한계성에 대한 자각과 삶에 대한 비판적 성찰, 새로운 삶과 자신을 향한 다짐의 기회를 준다. 이런 의미에서 기도와 명상의 시간은 피해자와 가해자 모두에게 여러 가지 중요한 의미가 있다.

가해자는 기도와 명상의 시간을 통해 잘못된 행위를 자각하고 참회하는 경험을 할 수 있다. 잘못과 과오에 대해 신 앞에서 고백하고 참회하는 과정에서, 가해자는 어떤 가식이나 거짓도 벗어버리고 정직하게 잘못을 돌아보고 인정하게 된다. 이러한 맥락에서, 기도와 명상의 시간은 신비적·종교적인 것을 떠나 자기 성찰과 비판적 반성의 기회를 갖게 한다는 점에서 의미가 크다.

피해자의 경우, 기도와 명상의 시간을 통해 가해자에 대한 파괴적 분노와 증오를 극복하며 연민의 마음을 가지고 더욱 적극적으로 가해자를 포용하게 된다. 사실 피해자도 자신이 여러 가지 오류와 잘못을 범하는 존재이며 참회가 필요한 인간이라는 것을 자각하고, 신 앞에서 그 잘못을 고백함으로써 가해자에 대한 전적인 부정적 생각을 수정하는 데 도움을 받는다. 피해자 자신도 타인에게는 가해자 역할을 하면서 상처를 주었을 수 있다는 생각이

용서에 대하여

이러한 자각의 단초가 된다. "신 앞에 완전한 인간은 없다"는 종교적 가르침은 피해자 스스로도 완전한 결백을 주장할 수 없다는 사실을 자각하게 한다.

따라서 기도나 명상은 피해자가 용서할 준비를 하는 데 도움을 주면서 용서의 시작에 촉진제 역할을 한다. 예를 들면 피해자가 가해자를 위한 기도를 시작하는 것은 이미 용서자의 마음에 들어서게 되었다는 표징이다. 피해자가 가해자를 위해서 기도할 때 피해자 속에서는 이미 상처 치유가 시작되기도 한다. 가해자에 대해 증오나 복수심 대신 기도를 선택한다는 것은 자신 속의 '선한 의지'의 발현을 의미하기 때문이다. 그리고 선한 의지를 가지게 되었다는 자각은 자긍심을 높이고 피해자의 자존감 회복을 도와 새로운 삶을 살아갈 가능성을 열어준다.

피해자가 가해자를 위해서 하는 기도에는 다음과 같은 세 가지 이점이 있다. 첫째, 기도는 다른 행위보다 실천이 용이하다. 둘째, 기도는 외적으로 눈에 보이는 특별한 활동을 요구하지 않는다. 셋째, 기도는 가해자를 직접 만나거나 교류하는 일 없이도 가능하다. 이 세 가지 측면에서 기도는, 피해자가 가해자에게 선한 의지를 가지고 용서할 준비를 하게 해주는 중요한 통로라고 볼 수 있다. 용서가 진행되기 전에는 가해자와 피해자가 얼굴을 맞대고 만나기보다 서로 적절한 거리를 유지할 필요가 있다. 그렇게 거리를 유지하는 가운데 사건을 '제3자'적 시각으로 들여다볼 수 있으며,

서로에 대해 다각도로 성찰함으로써 용서의 과정에서 도움을 받기 때문이다. 이러한 의미에서 기도는 '용서의 촉진제'로서 중요한 의미를 갖는다고 할 수 있다.

3) 종교적 예식들

잘못된 일이 벌어졌을 때 가해자든 피해자든 각각 다른 의미에서 죄책감이나 수치심을 느낀다. 이러한 부정적 감정이 내면 깊은 곳에서 자리 잡지 않도록 외면 세계로 끄집어내야 할 필요가 있다. 예배 등 다양한 종교 예식은 내면화되기 쉬운 죄책감과 수치감을 외부 세계로 가지고 나와서 그로부터 치유를 경험하게 해준다. 예를 들면 촛불을 켜고 침묵 속에서 기도와 명상을 하거나 무릎을 꿇고 예식에 참여하는 것은 잘못을 돌아보고 자신의 도덕적 실패를 진지하게 받아들이게 해준다. 이러한 예식이 벌어지는 공간은 죄책감과 수치심 등 부정적 감정을 승화하고 치유하는 자리가 되고, 예배의 자리가 되고, 순례자로서의 자리가 되며, 새로운 존재로 변화되어야 한다는 결단과 약속의 자리가 되기도 한다.

용서에 대하여

4) 기독교적 정신과 비전

기독교의 가르침과 가치관은 예배나 기도회 등의 다양한 공간과 근원적으로 연결되어 있다. 기독교는 복수 대신 사랑과 용서를 행하고 이웃은 물론 원수도 사랑하는 것이 신앙의 중요한 실천 방식이라고 가르친다. 따라서 교회에서 신에 대한 믿음과 신앙을 지닌 사람들에게 이렇게 가르치는 것은 용서의 중요한 촉진제 역할을 한다. 교회는 정의·평화·사랑·용서·환대 등 인류에게 중요한 가치를 성서 이야기와 연구·설교·기도 모임 등을 통해 지속적으로 강조한다. 또한 그러한 가치가 실현되는 신의 나라와 더 나은 세계에 대한 비전과 희망을 제시한다.

물론 한국 사회의 많은 교회들이 정의·환대·용서 등의 기독교적 가치가 아니라 물질적 성공이나 자기중심적 구원, 개인주의화된 축복 등 자본주의화된 가치를 기독교 정신으로 왜곡해서 가르친다. 이 점은 반드시 비판적으로 짚고 넘어갈 필요가 있다. 포용과 환대가 아니라 배제와 증오를 신의 뜻으로 가르치는 교회들이 너무나 많다. 제대로 된 기독교라면 타자에 대한 포용·환대·용서 등을 가르치고 실천하고자 한다는 사실을 잊어서는 안 된다. 기독교는 이러한 기독교적 의식과 비전을 통해 개인의 도덕적 삶에 지대한 영향을 미치고 개인이 용서의 마음을 가지도록 돕는 종교로서의 역할을 의당 해야만 한다.

5) 신앙 공동체

신에 대한 믿음이 있는 사람들은 자신들만의 공동체를 만든다. 기독교인으로서의 생활이란 개인적 신앙을 지니는 것뿐 아니라, 신앙 공동체의 일원으로 살아간다는 것을 의미한다. 신앙 공동체는 개인의 신앙생활뿐 아니라 개인의 삶 전반에 여러 가지 중요한 영향을 미친다. 예를 들면 구성원이 고난을 당하면 신앙 공동체는 그 구성원과 연대해 돌봐주고 어려움을 극복하는 데 큰 힘이 되어준다. 원수에 대한 복수보다는 사랑과 용서를 중요한 가치로 삼는 신앙 공동체는, 피해자가 가해자를 용서할 것을 조언하고 격려하면서 길고 힘든 용서의 과정에서 든든한 버팀목 역할을 한다.

　가해자의 신앙 공동체는 가해자가 잘못을 인정하고 회개를 촉구하는 분위기를 만든다. 이로써 가해자도 자신의 행위에 대한 공동체의 반응에 따라 행동거지를 결정하곤 한다. 이처럼 신앙 공동체는 사실상 강력한 '도덕적 압력 단체'가 될 수 있다. 피해자는 공동체가 조언하는 용서를 거부할 경우 어떤 결과가 따를지 생각하면서, 더욱 확고히 용서를 결심할 수도 있다. 반면 가해자는 자신의 행위에 대해 인식하고 책임져야 한다는 공동체의 압력을 더 민감하게 느끼게 된다. 궁극적으로 곁에서 보호하고 배려하고 지지해주리란 확신을 피해자나 가해자에게 심어줄 때, 신앙 공동체는 용서를 촉진하는 공동체로서의 의미를 지니게 될 것이다. 이러

용서에 대하여

한 여러 가지 측면에서 볼 때, 개인적으로 신의 존재를 믿든 믿지 않든, 종교적 예식과 공동체 속의 개인이 용서를 실천할 가능성은 더욱 많아진다.

종교란 인간-너머 존재인 신에 대한 갈망의 표현이기도 하다. 그 '신'을 어떤 존재로 이해하든 신에 대한 인간의 갈망은 달리 말하면 인간의 삶에서 일체성과 의미를 찾고자 하는 갈망, 과오와 잘못을 용서받고 싶어 하는 갈망, 영적인 고향을 찾고 싶어 하는 갈망이기도 하다. 이 점에서 볼 때 용서받고자 하는 인간의 내면적 욕구는 신의 존재에 대한 희망, 기다림과 동일 선상에 있다. 이러한 신에 대한 갈망이 제도화된 종교 안에서만 작동되거나 실천될 필요는 없다. 제도화된 특정한 종교에 소속되지 않은 사람도 무한한 존재자에 대한 갈망을 포기할 필요가 없으며, 특정한 종교적 소속이 신에 대한 갈망의 필연 조건인 것도 아니다. 또한 신에 대한 이른바 '절대적' 믿음과 확신이 있는 사람들만이 종교 공동체에 소속되어야 하는 것도 아니다. 절대적 확신이 아니라 끊임없는 의심과 불확실성 속에서도 인간의 한계성 '너머'에 있는 어떤 세계에 대한 갈망과 기다림을 지닌 이들이라면, '신 없이 신과 함께' 살아갈 수 있다. 역설적인 듯한 이 표현은 어쩌면 겸손함을 지닌 종교인의 자세인지도 모른다. '절대적 확실성'을 주장하는 이들 속에 있는 신의 모습은 오히려 왜곡될 가능성이 높기 때문이다.

3. 신의 용서: 네 가지 딜레마

사람들은 종종 신이 용서해줄 거라는 생각에서 위로와 편안함을 느낀다. 종교는 그러한 신의 용서가 당연하다고 간주하는 다양한 레토릭을 만들어왔다. 어떤 잘못을 저질러도, 사람이 용서하지 않아도 '자비의 신'은 용서해준다는 것이다. 자비의 신, 용서의 신에 대한 이해는 매우 중요하다. 그러나 구체적 현실에서는 이러한 이해가 종종 왜곡되고 남용된다는 점에 주의해야 한다. 평생 폭력배로 지내던 사람이 갑작스레 회심해서 신의 용서를 받고 '새사람'이 되었다며 여기저기 간증하며 다닌다면 이는 '종교적 용서의 레토릭'이 오용되는 사례다. 종교적 상품으로 전락한 '회심과 용서'가 무차별적으로 소비되면서 '신의 용서'가 너무나 '값싼 용서'로 전락하고 마는 것이다. 이처럼 너무나 쉽게 '신의 용서'를 구하고 신에게 용서받는 데는 비판적 성찰이 요청된다. 우선 다음과 같은 네 가지 측면에서 신의 용서에 대한 딜레마를 생각해보자. 이를 '딜레마'라 부르는 것은, 이러한 문제는 분명한 해답을 내놓는 것이 불가능하며, 지속적으로 답을 찾느라 씨름해야 할 문제이기 때문이다. 이에 대한 올바른 인식은 신의 용서를 '값싼 용서'로 전락시키고 '종교적 상품화'하는 것을 피하기 위해 중요하다.

첫째, 정의의 실현 문제다. 만약 신이 인간이 저지른 잘못을 무조건 용서하는 존재라면 '정의로운 신'이란 도대체 무엇을 뜻할까. 정의로운 신이라면 잘못을 용서하기보다 대가를 치르도록 처벌해야 하지 않을까. 즉 잘못의 용서와, 그 잘못에 대한 처벌의 의미로서의 정의 실현이 어떻게 양립할 수 있는가 하는 문제다. '처벌'보다 '용서'를 택한다면 잘못을 저지른 사람은 무책임해질 수도 있다. 반대로 처벌받을 정도로 잘못을 저지르지 않았다면 용서받을 필요도 없다. 이러한 문제 제기는 '신의 용서'라는 생각이 지닌 딜레마의 한 측면을 보여준다.

둘째, 신의 불변성이라는 문제다. 용서를 하려면 먼저 피해자의 태도에 변화가 있어야 한다. 즉 피해자가 가해자를 용서한다고 할 때 우선 가해자에 대한 태도에 변화가 생긴다. 그런데 전통적으로 신은 변함없는, 즉 '불변의 신'으로 이해된다. 만약 신이 인간을 용서한다면 용서의 행위는 신의 태도 변화를 상정하며, 따라서 신의 용서라는 개념이 '불변성'이라는 신의 특성과 대치된다는 문제가 제기될 수 있다. 이처럼 '불변의 신'과 인간에 대한 태도를 바꾸는 '용서의 신'이라는 각기 다른 모습의 신을 어떻게 조화시킬 것인가 하는 딜레마가 발생한다.

셋째, 신의 감정이 변할 가능성에 대한 문제다. 가해자를 용서한다는 것은 가해자에 대한 피해자의 감정 변화를 의미한다. 즉 가해자에게 가졌던 분노와 증오의 감정이 점차 포용의 감정으로 바뀌는 것이다. 물론 2장에서 살펴본 것처럼 용서를 하려면 반드시 분노의 감정부터 포기하고 없애야 한다는 관점뿐 아니라 용서와 분노가 양립할 수 있다고 보는 관점도 있다. 분노와 용서의 양립 가능성에 대한 관점이 어떻든, 용서라는 행위는 분명 가해자에 대한 피해자의 감정 세계에 변화가 있음을 의미한다. 따라서 '용서의 행위'라는 개념과 '감정의 변화'라는 개념은 상호 관련이 있을 수밖에 없다. 이는 인간의 감정 세계가 불변하는 고착된 것이 아니라 가변적이라는 사실을 보여준다.

그런데 만약 신이 잘못한 사람을 용서한다고 생각한다면 결국 그것은 신이 가해자에게 갖는 감정이 인간처럼 변한다는 사실을 상정한다고 볼 수 있다. 이러한 이해는 신도 인간처럼 '감정을 지닌 존재'라는 가능성을 지니게 한다. 따라서 신의 용서라는 개념은 신이 인간처럼 감정을 지닌 존재라는 가능성을 열어놓는 동시에 '신의 인간 중심화'라는 문제를 야기할 수 있다. 즉 무한한 존재인 신을 유한한 존재인 인간과 유사한 존재로 만들면 결국 신을 인간 중심적으로 표상하게 된다. 결과적으로 신을 인간의 제한성 안에 귀속시킬 수 있다는 딜레마에 봉착한다.

넷째, 용서에 관한 신의 지위 문제다. '신의 용서'라는 생각이 지닌 네 번째 딜레마는 과연 신이 용서할 위치에 있으며 용서하는 주체가 될 수 있는가 하는 문제다. 이 문제는 "용서할 수 있는 위치에 있는 사람은 누구인가" 하는 물음과 연결된다. 흔히 우리는 가해자와 피해자가 있는 사건에서 용서하는 위치에 있는 사람을 '피해자'라고 생각한다. 그렇다면 직접 피해를 당하지 않은 사람, 즉 제3자가 용서할 위치에 있는가 하는 문제가 생긴다. 피해자도 아니고 피해자의 직계가족도 아닌 신이 과연 가해자를 용서할 위치에 있는가. 이에 대해서는 다음과 같은 설명이 가능하다.

예를 들면 친구의 자녀를 생각해보자. 친구의 가족은 나의 직접적 친구는 아니지만 사랑하는 친구 가족의 행불행은 나에게도 영향을 미친다. 이렇듯 우리가 맺는 관계는 다양한 층을 형성하면서 상호 연관된다. 따라서 친구를 사랑한다면 친구의 가족까지 사랑해야 한다. 사랑하는 친구에게 일어나는 일이 결국은 나에게도 영향을 미치기 때문이다. 나와 직접적 관계가 있는 친구는 한 명이지만 이렇게 해서 친구의 부모, 가족 등과도 내가 맺는 관계의 그물망 속에서 연결된다. 이런 맥락에서 볼 때 아끼고 사랑하는 내 친구의 자녀에게 일어난 나쁜 일이나 좋은 일은 결국 나와도 관련이 있게 된다. 이 같은 관계의 상호 연결성과 복합적 층들을 생각하면서 이를 신의 용서와 관련 지어 설명할 수 있다.

첫째, 신과 피해자의 관계를 부모와 자녀의 관계로 설정한다면, 부모는 자녀에게 해로운 일을 저지른 사람을 용서하든가, 용서하지 않는 위치에 서게 된다. 즉 신은 나쁜 일을 직접적으로 당한 피해자는 아니지만, 그 피해자와의 관계성 때문에 가해자를 용서하는 자리에 설 수 있다.

둘째, 신과 가해자의 관계 역시 부모와 자녀의 관계로 설정할 수 있다. 이 경우 신은 가해자를 용서할 수 있지만, 피해자의 용서를 전제로 하지 않는 신의 용서는 언제나 부차적이고 불완전한 것이 된다. 예를 들면 남편이 아내에게 저지른 잘못을 남편의 부모나 장인 장모가 용서했다 해도 그 용서는 언제나 이차적이다. 직접적 피해자인 아내에게 용서받는 것이 일차적이며 그때 비로소 용서는 '완결'될 수 있다. 물론 부모나 장인 장모에게 용서받는 것도 중요하지만 그것이 직접적인 피해 당사자의 용서를 대체할 수는 없기 때문이다. 이 경우 거창하게 들리는 '신의 용서'조차 이차적이고 불충분한 것이 된다. 따라서 신의 용서에 위로받는다는 생각은 훨씬 복합적인 문제를 함께 고려해야 함을 의미한다.

직접적 피해자가 아닌 신은 용서할 위치에 있지 않다고 보는 관점도 있다. 이런 관점에서 보면 신은 인간에게 일어나는 어떤 일과도 아무 관련이 없는 존재가 되어버린다. 반면, 타자에게 상처를 입히고 잘못을 저지르는 것은 신에 대한 거역과 마찬가지므로 신은 인간을 용서할 수 있는 위치에 있다고 볼 수도 있다. 그런데 두 번째 관점도 무언가 불확실한 면이 있다. 이를 받아들이면 가해자가 친구에게 잘못을 저질렀다 해도 친구가 아닌 신에게 잘

용서에 대하여

못한 것이라는 논지가 생긴다. 이 두 가지 관점 모두, 나의 잘못을 신이 용서해주리란 생각으로 위로를 받는 데는 별 도움이 되지 않는다.

4. 신의 용서와 심판

신의 용서라는 주제는 언제나 신의 심판 또는 신의 처벌과 연결이 된다. 신에게 '용서를 받았다'는 것은 곧 처벌이나 심판의 면제와 이어지기 때문이다. 종교인들, 특히 기독교 전통 속 종교인들은 신에게 용서받지 못하는 것이 곧 신에게 심판받는 것이라 생각하며 이는 구원받지 못함과 연결된다. 따라서 '신의 용서'로 표현될 수 있는 종교적 용서란 결국, 잘못을 저지른 사람이 심판이나 영원한 징벌에서 면제되어 종국에는 구원받게 됨을 뜻한다. 이러한 의미에서 이해되는 신이란 결국 이 '우주의 심판관'과 같은 의미의 신이다. 신이 어떤 사건의 직접적 피해자는 아니지만, 우주의 심판관으로서 누군가의 잘못을 용서할 수 있는 존재라고 이해하는 것이다. 이때 다음과 같은 두 가지 점에서 신의 용서 개념을 경계해야 한다.

첫째, 신의 용서라는 개념을 지나치게 강조하면 피해자에 대한 배려와 이해를 놓치기 쉽다. 만취한 운전자가 교통사고를 냈다고

용서에 대하여

하자. 자신이 다른 차를 들이받았다는 걸 깨닫는 순간 가해자는 매우 다양하게 반응한다. 운전면허가 취소될까 봐 걱정하는 사람도 있고, 누가 다치지는 않았는지 걱정하는 사람도 있을 것이다. 그런데 이 두 가지 태도에는 커다란 도덕적 차이가 있다. 이 경우를 그대로 신의 용서에 적용해보자.

가해자가 신에게 벌받을 것이 두려워 우선 '신의 용서'라는 생각에 초점을 둔다면, 그것은 자신의 잘못에 희생당한 사람의 안녕보다는 여전히 자신의 미래에 초점을 두는 식으로 작동될 수 있다. 즉 피해자에 대한 책임감 때문이 아니라, 미래에 신의 심판을 모면하기 위한 자기중심적 요구에서 신의 용서를 구하는 것이다. 둘째, 피해자에 대한 배려 문제는 제쳐두더라도, 지나치게 신의 '처벌'에 초점을 둔다는 점이 문제가 된다. 신이 아니라 가해자와 피해자의 관계에서 무엇이 잘못되었으며 무엇을 바로잡아야 하는가에 용서의 초점을 두어야 한다. 나아가 가해자와 피해자의 미래의 관계는 더욱 중요시해야 할 점이다.

보통 우리는 용서의 목적이 피해자와 가해자의 화해라고 생각한다. 그러나 용서가 반드시 둘의 화해를 전제로 할 필요는 없다. 피해자가 가해자를 용서한다고 해서 둘의 관계가 반드시 이전으로 되돌아가야 하는 것은 아니다. 물론 용서를 받아야 하는 위치에서 바라는 가장 이상적 용서는 관계 회복과 화해가 가능한 용서다. 이렇게 용서와 화해를 연결 지어 생각한다면 용서하는 위치에 있는 사람이 가해자와 다시 미래를 함께할 가능성을 달가워하지 않을 때, 즉 가해자와 화해하고 싶어 하지 않을 때 용서까지 미루게 된다. 어떤 사람들은 신에게 용서를 받는다는 생각에 위로받는다. 하지만 설령 신에게 용서받았다고 해도, 그 용서가 피해자와의 화해를 보장하지 않는다는 건 분명하다.

5. 용서하는 파트너로서의 신

용서에서 신의 역할을 이해하기는 참으로 쉽지 않다. 그런데 신을 '용서의 파트너'로 이해하려는 시도가 있다. 이는 어떤 의미일까. 예를 들어 어떤 사람이 친구에게 잘못을 저질렀다고 하자. 한동안 그의 친구는 물론 친구와 함께 사는 파트너도 그에게 굉장히 분노했다. 그런데 그가 잘못을 뉘우치는 모습을 보이자, 점차 시간이 지나면서 친구의 파트너는 그를 용서하게 되었다. 직접적 피해자는 아닐지라도 친구 파트너의 용서로 그는 위로받을 수 있었다. 동시에 그는 친구와의 화해 가능성에 희망을 갖게 되었다. 두 가지 이유 때문이다. 첫째, 친구의 파트너가 과거에 올바른 도덕적 판단을 했던 사람이라면, 친구도 파트너의 판단을 신뢰하면서 적극적으로 화해를 고려할지 모른다고 생각했기 때문이다. 둘째, 혹시 친구의 파트너가 용서하라고 친구를 설득할지도 모른다는 희망 때문이다. 가해자인 그는 피해자인 친구의 파트너가 친구를 설득해 자신을 용서하고 화해를 주선하길 바라게 된다.

만약 신을 내 친구의 파트너라 가정한다면 어떻게 될까. 신은 가장 이상적인 도덕적 존재인 동시에 이 우주의 심판관으로 간주된다. 만약 그러한 신이 나를 용서한다고 가정할 때 용서와 화해에 대한 희망은 확신으로까지 증폭된다. 우주의 심판관인 신이 용서한다면, 신이 했듯이 인간 친구도 나를 용서하고 화해하리란 결론을 유추할 수 있다. 따라서 신이 자신을 용서한다는 생각은 커다란 위로와 확신이 되어준다.

그런데 여기서 한 가지 딜레마가 발생한다. '신의 용서'는 '인간의 용서'처럼 직접적인 말, 글 등 객관적 방식으로 증명할 수 있는 게 아니다. 그러기에 신의 용서라는 개념에 대한 생각에서 여러 가지 딜레마가 발생한다. 신이 가해자인 그와 피해자인 그의 친구 둘 모두의 파트너라면, 또는 둘 모두와 부모-자녀 관계를 지닌 존재라면, 잘못을 회개만 하면 누구든 용서해주는 신의 용서 개념은 더욱 복잡해지고, 백만장자가 여기저기 돈을 뿌리듯이 신도 여기저기 용서를 남발하는 존재로 간주될 수 있다. 회개만 하면 피해자가 가해자를 용서하는 것이 당연하다며 신의 용서라는 이름으로 용서의 짐을 강요하는 상황도 있을 수 있다. 피해자의 상황과 무관하게 신의 용서를 전제한다면 이때의 용서가 선택인지, 강제적인 도덕적 의무인지 자발적으로 사유하는 길을 근원적으로 차단당하는 것이 된다.

또 다른 경우를 살펴보자. 가족 중 언니나 오빠가 나쁜 짓을 했

용서에 대하여

는데 이를 용서한다고 치자. 이때 부모님이 용서하라고 하셔서 용서한다는 사람이 있다. 부모의 명령 때문에, 신이 용서했기 때문에 '하는 수 없이' 하는 용서는 피해자에게 어떤 결과로 나타날까. 신을 '용서의 파트너'로 보는 시각으로는 용서가 의무가 아닌 '선택'이 되어야 한다고 보는 사람들을 지속적으로 설득하기 어렵다.

여기서 분명히 기억할 점이 있다. 신의 용서와 관련된 다양한 딜레마들을 단숨에 해결할 수 있는 사람이나 해법은 어디에도 존재하지 않는다는 것이다. 그럼에도 이러한 딜레마를 인식한다는 것만으로도 매우 중요하다. 종교가 신의 이름으로 행한 중세식 '면죄부 발급' 등은 용서가 왜곡되고 남발된 예다. 따라서 이러한 일들은 비판적으로 성찰할 필요가 있다. 중세의 노골적 '면죄부 발급'은 사실상 지나간 일이 아니다. 현대 세계에서는 매우 은밀하고 강력한 방식으로 '면죄부 발급'이 이루어진다. 신의 용서를 남발할 때 사회적 책임이나 윤리적 과제는 왜곡되고 외면된다. 또한 신은 종교의 존속을 위해 권력을 확장하고 현상 유지의 수단을 강구하는 데 남용되곤 한다. 이와 관련된 다중적 딜레마와 씨름한다는 것은 적어도 신의 용서라는 미명하에 행해지는 갖가지 왜곡된 종교 행위에 제동을 건다는 점에서 매우 중요한 기능을 한다.

6. 예수와 용서: 생명 – 사랑으로서의 용서

기독교를 유대교에서 분리하는 기점을 마련했으며 따라서 기독교의 정체성을 이루게 된 가장 중요한 존재는 예수다. 예수는 용서를 어떻게 바라보았을까. 그 대답은 용서에 대한 이해를 복합화하고 확장하는 데 매우 중요하다. 예수를 '용서의 발견자'라고 표현한 사람은 정치철학자 한나 아렌트다. 유태인 아렌트는 《인간의 조건》에서 예수를 기독교라는 특정한 종교의 범주에 갇힌 존재가 아니라 사회정치적 정황에서 중요한 용서의 의미를 전하는 존재로 확장한다.[49]

이처럼 기독교라는 제도화된 종교적 틀을 벗어나 넓은 정황에서 예수를 살펴봄으로써 오히려 예수를 훨씬 더 포괄적으로 이해할 수 있다. 사실상 예수 자신은 '기독교'라는 이름을 가진 특정한 종교의 창설을 기대하거나 시도하지 않았다. 더군다나 예수 스스로가 기독교인이 아니었다. 그의 가르침과 행적을 면밀히 들여다보면, 그는 특정한 종교적 교리를 설파하는 데 초점을 두지 않

용서에 대하여

았다. 그는 제도화된 '종교'에 전혀 관심이 없었으며, 어떻게 하면 사랑·평화·환대·용서·정의의 삶을 살아갈 수 있을지 온 마음을 기울여 노력했다. 따라서 '탈종교화' 또는 '탈기독교화'된 예수를 조명해볼 필요가 있다. 기독교 교리라는 틀에 예수를 집어넣고 그 안에서만 해석하면 오히려 예수를 지극히 제한하는 결과를 낳기 때문이다. 탈교리화하여 새로운 눈으로 예수를 들여다볼 때 비로소 예수의 가르침이 지닌 심오한 의미를 보게 된다.

예수의 모습을 성서에서 들여다보기 전에 밝혀둘 사실이 있다. 이 글에서는 시중에 있는 한글 번역 성서를 쓰지 않고 영어 성서를 직접 번역해서 쓰는데 그 이유는 다음과 같다. 첫째, 관계의 위계주의 때문이다. 한글 성서에는 예수의 대화에서 예수는 반말을, 예수와 대화하는 사람은 존댓말을 하는 것으로 표기되어 있다. 반말과 존댓말로 형성되는 관계는 이미 그 관계의 위계주의를 강하게 만들어낸다. 나는 타자들과 대화할 때 그렇게 위계주의적 태도로 '반말하는 예수'를 규정하는 것이 왜곡이라고 본다. 둘째, 한글로 번역된 성서의 언어들이 지나치게 굳어 있거나 교리화되어 정작 독자들이 그 포괄적이며 심오하고 생생한 의미를 느끼는 데 장애가 된다고 생각한다.

성서에 나타난 예수의 행적을 보면, 예수가 관심을 가진 것은 제도화된 틀 속의 종교가 아니라, 그 경직된 제도적 틀을 넘어서는 '생명'임을 알 수 있다. 예를 들면 예수와 안식일에 대한 이야기를 보자. 유대 전통에서 '안식일'은 매우 엄격한 규율로 강조된다. '안식일을 지킨다'는 것이 '안식일 규율 자체를 지키는 것'으로 의미가 고착된 것이다. 그런데 예수는 이러한 종교적 틀의 존재 의미는 그 틀 자체가 아니라, 사실상 생명에 관한 배려와 보살핌이라는 것을 역설한다. 예수는 안식일에 먹고[50] 아픈 사람을 돌보는 일이 안식일 규율을 지키기에 우선하는 '사람 살리는' 것이라고 강조한다.[51] 그러면서 "안식일이 사람을 위해 있는 것이지, 사람이 안식일을 위해 있는 것이 아닙니다"[52]라고 강조함으로써 종교적 틀보다 우선하는 것은 '생명 살림'이라는 점을 분명히 역설한다. 그런데 여기서의 '생명'은 낭만화된 의미의 생명이 아니다. 오히려 육체성과 정신성 모두를 지닌 존재로서 구체적 삶과 연관되는 복합적 생명이다. 예수의 용서에 대한 가르침도 이러한 '생명-사랑biophilic의 원리'라는 맥락에서 이해해야 하며 그때 비로소 용서의 심오한 의미가 되살아난다.

1) 용서의 우선적 주체: 신이 아닌 인간

예수의 행적을 보면, 그의 주변에서 예수의 말을 경청하며 그와 함께 먹고 마신 사람들은 주로 가난하거나 이른바 죄인으로 간주

용서에 대하여

되던 사람들이었다. 즉 종교적·사회정치적 권력을 지닌 사람들이 아니라 권력과는 아무런 관계가 없는 사회적 주변부인들이었다. 예수는 그 주변부인들과 작은 공동체를 이루며 다양한 메시지를 전한다. 예수의 제자들 역시 사회정치적 권력과는 무관한 삶을 살던 사람들이었다. 예수는 당시 가장 강력한 종교적 권위와 권력을 행사하던 이들, 즉 서기관과 바리새인들과는 매우 상이한 용서를 가르친다.

서기관과 바리새인들은 첫째, 진정한 용서를 할 수 있는 힘은 오직 신만이 가지고 있으며, 둘째, 용서할 힘은 신에게서만 나온다고 가르쳤다. 그런데 예수의 용서에 대한 가르침은 이러한 전통적인 종교적 가르침을 정면으로 반박한다. 첫째, 신만이 용서할 수 있는 힘을 가진 것이 아니다. 둘째, 용서는 신이 아닌 '인간'에 의해 우선적으로 촉발되어야 한다는 것이 예수의 가르침이었다. 이러한 맥락에서 볼 때 예수는 용서에 대한 전통적 이해를 넘어 매우 급진적 주장을 하고 있다. 즉 신이 용서하기 때문에 인간도 신을 따라 용서하는 것이 아니라, 인간이 '먼저' 용서해야 비로소 신도 용서하게 된다는 것이다. 즉 예수는 용서의 '권위'와 '순서'에 대한 전통적 이해를 근원적으로 역전시킨다.

예수가 '용서자'로서 용서의 행위를 한 경우는 오직 두 번뿐이다. 한 번은 예수에게 고침을 받으러 온 중풍 환자에게 "당신의 죄를 용서받았습니다"[53]라고 선언한다. 또 한 번은 울면서 눈물로 예수의 발에 입을 맞추고, 향유를 바르고, 머리카락으로 예수의 발을 닦은 사람에게도 역시 "당신의 죄를 용서받았습니다"[54]라고 선언한다. 이 두 번의 일이 예수가 직접 용서의 행위를 한 경우다. 그런데 예수의 용서 행위에는 특이한 점이 있다. 예수는 용서의 일반적 양식인 "나는 당신의 죄를 용서한다 I forgive your sins"처럼 '나'라는 주어가 들어간 능동태를 쓰지 않는다. 즉 '누가' 용서의 주체인지 드러나지 않는 수동태를 쓰고 있다. 한글 성서에는 잘 드러나지 않지만, 영어 성서에서는 이 문장이 주어가 없는 수동태 Your sins are forgiven라는 점이 분명히 드러난다.

이처럼 예수가 용서하는 현장에서는 도대체 용서의 주체가 누구인지, 언제 어떻게 용서가 이루어지는지 구체적으로 나타나 있지 않다. 또한 용서가 이루어진 과정을 보면 용서받는 자가 이른바 반성이나 회개 등을 했는지 여부도 알 수 없다. 나아가 예수는 "당신들이 타자들에게 진정 마음에서 우러나오는 용서를 하지 않으면, 신도 당신들이 한 것과 똑같은 방식으로 할 것입니다"[55]라고 함으로써 용서의 주체가 신이 아닌 인간임을 분명히 선언한다. 따라서 진정 마음속에서 용서하지 않는 사람은, 거꾸로 신에게도 용서받을 수 없다. 이러한 용서에 대한 예수의 가르침에 따르면, 용서란 인간의 선택 사항이 아닌 '의무'가 된다.

용서에 대하여

2) 의무로서의 용서

예수에게 용서와 사랑은 분리가 불가능한 가치라고 할 수 있다. "당신의 이웃을 당신 자신처럼 사랑하십시오"[56]와 "당신의 원수를 사랑하십시오"[57] 하는 예수의 중요한 가르침은 사랑과 용서의 밀접한 관계를 보여준다. 결국 '자기 용서'와 '타자 용서'가 없다면 나 자신을 사랑하는 것처럼 이웃과 원수를 사랑하기란 불가능하다. 자신을 사랑하거나 타자를 사랑할 때 그 사랑의 행위에 진정성이 있으려면 용서가 전제되어야 한다. 누군가를 여전히 '원수'로 생각하면서 그 사람을 진정 나 자신처럼 사랑하는 건 불가능하다. 또는 자신에 대한 혐오로 가득 찬 사람이 스스로를 사랑하는 것도 불가능하다. 그러므로 그 사랑의 대상이 자기 자신이든, 이웃이든, 원수든 간에 있는 그대로 받아들일 수 있을 때 이를 진정한 사랑이라 할 수 있다. 불완전성과 약점과 한계를 '극복하고' 포용하는 용서의 행위가 전제되어야 비로소 사랑이라는 행위는 그 가능성의 문을 조금씩 열 수 있다.

또한 예수는 "누군가가 나에게 잘못을 하면 그 잘못을 깨닫게 하고, 그런 다음에 나에게 '잘못했다'고 하면 용서해주어야 합니다"[58]라고 말한다. 이러한 예수의 용서에 대한 이해를 보면 첫째, 용서의 시작은 '침묵'이 아니라 우선 잘못을 '알게 해주는 것'에서 시작된다. 피해자가 가해자의 잘못을 무작정 방관하는 것이 아니라 그의 잘못에 대해 분명하게 문제 제기를 해야 한다는 것이다. 둘째, 가해자가 자신의 행위가 잘못이었음을 깨달았다면 사과하고 미안해해야 한다. 즉 회개를 해야 한다. 셋째, 마지막으로 용서의 완성에서 필요한 것은 잘못을 깨닫고 사과를 한 사람을 피해자가 용서하는 것이다.

이 같은 예수의 용서에 대한 이해를 보면, 가해자의 '미안함'에는 사과와 회개라는 전제조건이 필요할 것으로 생각된다. 그러나 예수는 용서에 있어 가해자의 회개 같은 '전제조건'을 절대화하지는 않는다. 예수는 자신을 못 박은 병사들을 위해 "신이여, 저들을 용서하소서. 왜냐하면 저들은 자신들이 무엇을 하는지 모르기 때문입니다"라며 십자가 선상에서 병사들을 위한 용서를 요청한다.[59] 이는 자신들의 행위가 어떤 의미를 지니는지 알지 못하는 이들도 용서의 대상으로 간주하는 예수의 용서가 얼마나 포괄적인 범주에 있는지를 드러낸다. 사실 인간은 일상적으로 타자들에게 크고 작은 잘못을 저지른다. 누군가 저지른 잘못에 대한 피해자가 되었다면 그가 가해자에게 보일 수 있는 태도는 두 가지다. 하나는 복수이며, 또 하나는 용서다. 동일한 상황에서 사람들이 보이는 이 두 가지 각기 다른 반응은 정반대 결과로 나타난다. 복수는 잘못에 즉각적으로 반응하면서 가해자에게 동일한 피해를 주겠다는 의도로 하는 행동이다. 즉 피해자는 자신이 입은 피해를 근거로 이번에는 가해적 행위를 정당화한다. 결국 복수는 잘못

용서에 대하여

된 상황의 종식이 되지 못하고 가해자-피해자 모두를 끝나지 않는 '복수의 사슬'로 얽어맨다. 이렇게 해서 피해자는 가해자가 되고 가해자는 피해자가 되면서 '복수의 반복'이 이어진다. 복수가 반복되면 결국에는 두 사람 모두 그 잘못된 상황에서 자유로워질 기회를 상실한다. 이러한 '복수의 연쇄 반응'은 매우 파괴적 결과를 낳는다. 당사자는 물론 주변 사람들, 그들이 속한 공동체, 나아가 사회에 복수의 감정을 확산함으로써 관계의 파괴를 가져오는 것이다. 인간은 무수히 잘못을 저지를 수 있는 유일한 존재다. 복수를 선택한다면 끊임없이 '새로운 존재'로 다시 시작해야 하는 인간이라는 사실을 근원적으로 부정하는 것이다.

이러한 의미에서 볼 때 예수는, 용서는 선택이 아니라 인간의 의무라는 것을 분명히 한다. 용서는 인간이 스스로의 파괴성에서 벗어날 가능성이며, 새롭게 시작할 시간과 공간을 확보해주기 때문이다. 이러한 용서의 가능성 속에서, 인간은 자신이 불완전한 존재로서, 타자가 잘못을 저지를 수 있듯이 자기 자신도 언제나 잘못을 저지를 수 있는 존재임을 인정하게 된다. 이를 인정함으로써 인간은 불완전하고 잘못을 저지를 수 있는 부정적 존재로 자기 규정하는 데서 벗어나 언제나 '새로이 시작'할 수 있는 '새로운 존재'로 재탄생하게 된다. 예를 들면 예수가 말해주는 '탕자의 비유'에는, 아버지의 용서와 함께 새로운 삶으로 들어가는 한 아들이 등장한다.[60] 아버지에게 물려받을 유산을 미리 달라고 해서 집을 떠난 아들은, 결국 돈을 탕진하고 거지꼴로 돌아온다. 집에 돌아온 아들을 맞이하는 아버지는 일체 아들에 대한 질책이나 추궁을 하지 않았다. 아버지는 두 팔 벌려 '탕자'를 환영하고 따스하게 맞으면서, 새로운 삶의 시작을 축하하는 잔치를 벌인다. 예수는 이 '탕자' 이야기를 통해 용서가 어떻게 한 존재에게 새로운 가능성의 문을 열게 하는지 보여준다.

이러한 맥락에서 볼 때 자신을 찾아온 니고데모Nicodemus라는 학자에게 '다시 태어나야born again' 신의 나라를 볼 수 있다고 한 예수의 가르침은 중요한 의미를 지닌다.[61] 이 '다시 태어남'에 대한 예수의 가르침은 종종 제도화된 종교로서의 기독교에 귀의해 교회에 등록하라는 말로 해석되곤 한다. 그러나 예수의 '다시 태어남'의 중요성에 대한 강조를 교리화해서 해석한다면 이 '새로운 탄생'의 의미를 왜곡하고 축소하게 된다. 예수는 일회적인 종교 행위가 아니라, 심오한 존재론적 차원에서 인간의 유한성과 불완전성을 넘어 새로운 존재로 다시 태어나는 것의 중요성을 이 말을 통해 강조했다고 볼 수 있다. 새로운 '탄생'은 나 속에서만이 아니라 타자들 속에서 인정받아야 한다. 누군가의 잘못에 대해 복수가 아닌 용서를 하는 것은 선택이 아닌 인간으로서의 의무이며, 예수는 그러한 용서를 베풀 때 비로소 진정한 자유를 얻고, 새로운 존재로서의 가능성을 지속적으로 지닐 수 있다고 제안한다.

용서에 대하여

3) 용서의 무한성

앞서 논의한 것처럼 서구 전통에서 용서는 '아브라함 종교'라고 불리는 유대교·그리스도교·이슬람교의 근간을 이루는 중요한 개념이다. 이러한 종교적 전통은 용서의 두 가지 상충되는 의무를 예시한다. '무조건적 용서'를 명하는 한편 죄지은 사람들의 회개, 잘못의 인정, 새롭게 변하겠다는 약속을 요구하는 '조건적 용서'를 천명하는 것이다.

인간은 그 유한성으로 인해 필연적으로 타자들에게 잘못을 저지른다. 인간으로 태어났다는 것은 이미 무수한 오류와 잘못을 저지를 가능성에 노출된 존재로 태어났다는 것을 의미한다. 이를 인식함으로써 인간의 마음은 그 한계성과 불완전성 너머의 세계를 손짓하는 종교로 향하기도 한다. 그런데 '불완전한 존재'라는 인간의 조건을 생각하다 보면, 그다음 물음으로 이어진다. 만약 이처럼 알게 모르게 무수한 잘못을 하고 오류를 범하는 것을 인간이 피할 수 없다면, 도대체 어느 정도까지 타자를 용서할 수 있는가.

예수의 제자 베드로는 바로 이러한 질문을 예수에게 던진다. "누군가 내게 잘못을 저질렀다면 도대체 얼마나 용서해주어야 합니까? 일곱 번 해야 하나요?" 예수는 이 물음에 "일곱 번만이 아닙니다. 일흔 번씩 일곱 번이라도 용서해야 합니다"[62]라고 응답한다. 여기서 "일흔 번씩 일곱 번"이라는 표현이 무엇을 의미하는지 생각할 필요가 있다. 이는 정확히 490번만 용서하라는 이야기가 아니다. "일흔 번씩 일곱 번이라도"라는 표현, 즉 "490번이라도"라는 표현은 특정한 숫자를 제시하기보다 '셀 수 없을 만큼' 또는 '몇 번이라고 셀 필요도 없이' 용서하라는 '용서의 무한성'을 강조하는 말로 볼 수 있다.

그런데 '무한한' 용서는 도대체 누구를 위한 것이며, 가능하기나 한지 의문이 생긴다. 실상 이러한 용서의 '무한성'은 피해자와 가해자 모두의 '자유'를 위한 것이다. '복수의 사슬'은 누구에게도 도움이 되지 않으며, 오히려 장기적으로 보면 가해자와 피해자는 물론 주변 사람들과의 모든 관계를 파괴한다. 예수는 무한하게 용서하라는 메시지를 던졌으나 인간에게는 그러한 '무한성에의 윤리'가 항상 '불가능한 것'으로 보이는 것이 당연하다. 그런데 자크 데리다의 말처럼 용서가 언제나 가능한 것만을 한다는 의미라면 사실상 '용서'라는 이름을 지닐 수 없다. 용서할 수 없는 것을 용서하는 것, 그것이 바로 진정한 의미에서 용서다.

용서의 무한성을 요구하는 예수의 '용서의 원리'는 예수가 말하는 '사랑의 원리'와 동일 선상에 있다. 예수는 나 자신을 사랑하는 것처럼 이웃을 사랑하라고 하면서, 그 이웃의 범주에 원수를 포함시킨다. "이웃은 사랑하고 원수는 증오하라"는 전통적 가르침을 비판하면서 "사랑할 만한 사람"만을 사랑한다면 이미 사랑의 의미가 아니라고 말한다.[63] 즉 예수는 "자기 사랑-이웃 사랑-

원수 사랑"을 사랑의 범주에 포함시킨다. 이러한 맥락에서 볼 때, 무한하게 용서하라는 예수의 '용서의 원리'는, 나와 이웃뿐만 아니라 원수도 사랑해야 한다는 급진적 '사랑의 원리'라고 할 수 있다. 이러한 급진적 사랑에 대한 요구는 이미 급진적 용서와 용서의 무한성을 전제로 한다고 볼 수 있다.

원수가 원수인 채로 남아 있는 한, 사랑의 행위는 불가능하다. 그 원수를 포용하고 받아들이는 용서의 행위가 없이는 사랑은 불가능해진다. 앞서도 나왔듯이 아우구스티누스는 "죄는 미워하되, 죄를 지은 사람은 사랑하라"고 했다. 그는 정확히 "인간에 대해서는 사랑으로, 죄는 미움으로"라고 말했다. 그런데 이 구절은 "죄인을 사랑하고, 죄는 미워하라" 또는 "죄는 미워하되 죄인은 사랑하라"라는 말로 회자된다.[64] 즉 '인간'이 '죄인'으로 전이된 것이다. 그런데 여기서 주목할 점이 있다. 예수는 "죄는 미워하되 죄인은 사랑하라"라는 의미로 말하지 않았다. 오히려 예수는 누군가를 '죄인'이라고 명명하는 것 자체를 거부했으며 이는 "죄인을 사랑하라"라는 말로 종결된다. 여기서 '죄인' 또는 '원수'라는 말은 구체적으로 보면 '이른바-죄인' 또는 '이른바-원수'라고 하는 것이 정황상 정확한 표현이다. 나 아닌 타자 모두를 이웃으로 생각하고, 나아가 원수까지도 사랑하라는 것은 결국 이른바 '원수'로 생각하는 이들을 더는 '원수' 또는 '죄인'으로 보지 말라는 것이다. 자크 데리다가 "진정한 용서란, 용서할 수 없는 것을 용서하는 것"

이라고 한 것은 예수의 무한한 용서 그리고 원수까지 나 자신처럼 사랑하라는 사랑과 용서의 메시지와 맞닿아 있다.

5장

용서의 두 축:
용서의 윤리와 용서의 정치

용서를 포함해 정의·환대·우정·사랑 같은 인류 보편의 가치를 실천하려 하다 보면 언제나 현실 세계와 이상 세계의 거리를 인식하게 된다. 가장 이상적 상태로서의 용서와 그 구체적 실천과 실현을 위한 용서에는 항상 거리가 존재한다. 당위적으로 실현되어야 하는 이상적 기준을 '윤리'라고 한다면, 그 이상적이고 무조건적인 윤리의 내용을 실천하기 위한 현실적이고 실천적인 방안을 '정치'라고 할 수 있다. 이러한 의미에서 보면, 용서에 대해 생각하는 것은 언제나 '용서의 윤리' 차원에서의 '무조건적 용서', 그리고 '용서의 정치' 차원에서의 '조건적 용서'라는 두 축을 고려해야 하는 과제이기도 하다. '용서의 윤리'와 '용서의 정치'를 포함해 윤리와 정치의 세계라는 두 축은 언제나 긴장 관계에 있을 수밖에 없다. 그러나 두 축의 존재는 매우 중요하며, 그중 하나를 다른 축에 환원해서도 안 된다.

1. '용서의 윤리'와 '용서의 정치'의 긴장

'용서의 윤리'와 '용서의 정치'란 무엇인가. 용서라는 맥락에서 '윤리'와 '정치'가 어떻게 다른지, 그리고 그 차이를 용서에 적용할 때 어떤 문제를 생각해야 할지 들여다보자. 일단 '환대'라는 주제를 예로 들어보자.

환대란 타인을 환영하고, 친절하게 대하고, 그들에게 필요한 것을 제공하는 행위라고 할 수 있다. 이렇게 일반적 의미의 환대는 매우 단순해 보인다. 우리는 친절한 사람을 보면 그가 환대를 베푼다고 생각한다. 그런데 이 환대를 구체적 생활에 적용해보면 참으로 복잡한 문제가 발생한다. 우선 '환대의 윤리'는 사람을 차별하지 않고, 아무런 조건 없이 '누구에게나' 또한 '무엇이든' 무조건적으로 환대하는 것이다. 즉 사람을 골라 선택적으로 환대하는 것이 아니라, 선별이나 선택의 과정을 넘어 누구에게나 환대를 베풀어야 한다는 것이다. 이러한 환대의 윤리에 따르면 사랑하는 가족, 친척, 친구 등 '가까운 타자'만이 아니라, 내가 모르는 한국인은 물론 외국인 등 '먼 타자'에게도 환대를 베풀어야 한다. 또한 정식으로 비자를 받고 들어온 외국인뿐 아니라 미등록 이주자와 그의 가족들도 아무런 차별 없이 환대해야 한다.

이러한 환대의 윤리, 무조건적 환대는 매우 이상적이다. 그런데 구체적 현실 세계에서는 '누구에게나' '무조건적으로' 무작정 환대를 베풀 수 없다. 개인의 능력에는 한계가 있으며, 법적인 제한도 있기 때문이다. 예를 들어 '환대의 윤리'에서 보면 개인이 미등록 이주자를 그의 집에서 환영하고, 잘 곳과 먹을 것을 제공하고, 일자리까지 제공한다면 진정으로 환대를 한 것이다. 그러나 그러한 무조건적 환대 행위가 국가에서 제정한 법에 위반된다면 곤란해진다. 환대의 윤리를 실천하는 바람에 '범법자'로 몰린다면 '환대의 윤리'와 '환대의 정치' 사이에서 고민하지 않을 수 없다. 즉 '환대의 윤리'를 실천하는 데 있어 '환대의 정치'는 언제나 구체적 제한과 조건을 제시하며, 개인이나 집단이 구체적인 특정 '조건'에서만 환대를 실천하도록 한다. 개인의 삶에는 다양한 제한이 있어서 그러한 '환대의 무조건성'을 일상적 삶에서 실현하지 못한다.

'윤리'는 아무 조건 없이 사랑·환대·우정·용서를 베푸는 이상 세계를 가리킨다. 반면, '정치'는 현실 세계의 구체적 조건이 갖춰졌을 때만 그런 행위를 하도록 제한한다. 이렇게 해서 윤리와 정치 사이에는 언제나 일정한 거리가 존재하게 된다. 그렇다면 윤리와 정치의 관계를 어떻게 이해해야 할까. 이 둘의 관계를 보는 다양한 관점이 있다. 임마누엘 칸트Immanuel Kant는 윤리와 정치가 병행 가능하다고 본다. 즉 윤리는 정치에서 이루어질 수 있는 것의 한계를 설정해준다. 이런 면에서 볼 때 윤리와 정치는 병행 가능하다고 볼 수 있다. 칸트는 이처럼 윤리와 정치가 갈등 관계에 있지 않다고 하면서 윤리 또는 도덕이란, 도덕적 원리에 근거해서 행동할 때만 그 권위를 가진다고 본다. 달리 말해 정치는 도덕이나 윤리를 구체적으로 행동으로 옮길 수 있을 때 비로소 의미를 지닌다.

그러나 자크 데리다는 윤리와 정치라는 두 축은 '나란히' 병행하는 것이 아니라고 본다. 데리다에게 있어 윤리는 언제나 정치 '너머'에 있기 때문이다. 이것이 칸트와 데리다의 윤리 개념이 차이를 보이는 지점이다. 데리다는 용서를 포함해 환대와 사랑 같은 인간의 행위를 도덕적 의무로 규정하는 칸트를 넘어서야 한다고 말한다. 데리다는 환대·사랑·선물·용서 등이 칸트적 의미에서 도덕적 '의무'에서 비롯되었을 때 진정성을 지니지 못한다고 보기 때문이다.

예를 들어 누군가에게 의무 때문에 환대와 사랑을 베푼다면 그 순간 진정성이 사라지고 만다. 누군가에게 의무감에서 선물을 한다면 그것은 이미 '선물'이라는 이름을 지닐 수 없다는 것이 데리다의 관점이다. 물론 타자에게 사랑과 환대를 베푸는 것은 부모로서, 연인으로서, 친구나 친척으로서, 인간으로서의 당연한 의무다. 그러나 그 의무감만으로 우정·사랑·환대·용서라는 심오한 차원의 관계성이 다 드러날 수는 없다. 의무는 미소 없이도 가능하지만, 진정한 사랑과 환대는 마음 깊숙한 곳에서 우러나오는 타자를 향한 미소 없이는 불가능하다. 이러한 의미에서 데리다는, 미소나 웃음 없이는 환대가 불가능하다고 단호히 말한다.

이 같은 데리다의 관점에서 보면 윤리는 무조건적인 것이고, 정치는 조건적인 것으로서 구체적 현실 세계에서 여러 결정이 가능하게 만든다. 정치는 '가능성의 세계'를 가리키는 반면, 윤리는 '불가능성의 세계'를 가리킨다. 이러한 의미에서 데리다에게는 정치와 윤리가 나란히 병행하는 것이 아니다. 윤리는 언제나 '아직 오지 않은' 불가능성의 세계를 보여주면서, 정치가 '끊임없이 참고'해야 하는 저편에 있다. 이 '윤리'가 보여주는 세계를 바라보면서 '정치'는 언제나 스스로를 비판적으로 성찰하고, 그 적용 범주를 확장해야 한다. 도달할 수 없지만, 도달해야 하는 지점을 생각하며 끊임없이 거리 좁히기를 시도해야 한다는 것이다. 그러므로 '용서의 정치'와 '용서의 윤리'는 지속적 긴장 속에서 직선적이지 않은 나선형적 관계로 존재해야 할 것이다.

2. 용서의 정치 : 조건적 용서

용서에 전제조건이 있는가. 또는 도저히 용서받지 못할 일이 있는가. 단순한 듯한 이 물음은 용서에 대한 철학적·종교적·정치적 논의의 중심에 있어왔다. 이 물음에 대한 답변은 사람마다 다르다. 블라디미르 장켈레비치나 한나 아렌트 같은 철학자는 "그렇다"고 답할 것이고, 자크 데리다 같은 사람은 "아니다"라고 답할 것이다.

전통적으로 가해자의 참회·반성·처벌 등이 용서의 전제조건이 된다. 아렌트는 이러한 전제조건이 성립되지 못하면 용서는 불가능하다고 본다. 아렌트는 2차 세계대전 이후 공적 영역에서 본격적으로 등장하기 시작한 '인류에 대한 범죄crime against humanity'를 배경으로 이러한 관점을 정립했다. 나치의 인종 학살 등 역사적 폭력 사건과 연계된 '인류에 대한 범죄'에서 용서는 매우 중요한 의미가 있다. 특정한 집단에 대한 학살은 그 집단뿐만 아니라 인류에 대한 범죄라는 이 개념은 타자에게 가해지는 극단적 폭력이 '그들'만의 문제가 아니라 '우리'의 문제임을 인식하게 한다.

그렇다면 인류에 대한 범죄에서 용서는 어떻게 작동할까. 나치의 유태인 학살 등의 범죄는 이미 돌이킬 수 없는 피해를 불러왔고, 범죄에 가담한 가해자들이 이미 사망해 참회나 처벌 등 용서의 전제조건이 갖추어지는 것이 불가능하다. 따라서 아렌트는 그들을 용서하는 것은 불가능하다고 본다. 이와 같은 맥락에서 장켈레비치는 "용서는 죽음의 수용소에서 죽었다"[65]라고 말했다. 아렌트는 처벌이 용서의 공통적 조건이며, '용서의 가능성'은 '처벌의 가능성'이 전제되었을 때 비로소 가능하다고 말한다. 나치 정권에서 '인류에 대한 범죄'를 자행했던 가해자들이 이미 죽어버려 처벌이 불가능하며, 설령 살아 있다고 해도 그들이 행한 처참한 살해와 폭력적 사건들이 결코 돌이킬 수 없는 비극과 피해를 가져왔기에 사실상 그들을 용서하는 것이 불가능하다는 말이다.

'용서의 정치'는 특정한 전제조건이 충족되어야 용서가 가능하다는 의미에서의 용서다. 물론 구체적 현실에서 이러한 조건적 용서는 매우 중요하다. 용서하는 이들과 용서받고자 하는 이들 사이에는 반드시 용서 이전에 설정되어야 하는 것이 있다. 바로 가해자의 뉘우침이나 회개 또는 개선의 의지 등이다. 이는 매우 상식적이고 현실적이라 할 수 있다. 그런데 이러한 특정한 전제조건을 설정해놓고 조건이 충족될 때만 용서하겠다는 것이 진정한 용서인지 의문을 갖지 않을 수 없다. 예를 들면 누군가를 사랑한다면서 이런저런 조건들을 설정해놓고, 이 조건에 맞아야만 사랑하겠다고 한다면 이는 진정한 사랑이라고 부를 수 없다. 이미 '사랑'의 의미가 훼손되고 '교환가치'로 변질되었기 때문이다. 이른바 '기브 앤 테이크give and take' 공식이 적용되는 순간 사랑이라는 이름은 가치를 상실한다. 사랑과 마찬가지로 용서에도 이러한 이해가 적용될 수 있다.

사랑·우정·선물·용서 등의 가치는 만지거나 볼 수 없으나 언제나 일상적 삶에 등장하기에, 그만큼 임의적으로 해석되거나 왜곡될 위험성에 노출되어 있다. 이러한 이유에서 용서의 두 축, 즉 '용서의 정치'와 '용서의 윤리' 또는 '조건적 용서'와 '무조건적 용서'의 의미를 살펴보는 것은 매우 중요하다. 이를 통해 용서의 복합적인 의미를 더욱 잘 이해할 수 있기 때문이다.

용서에 대하여

3. 용서의 윤리: 무조건적 용서

1) 용서의 정치의 한계: 계산과 교환의 경제

용서의 정치, 즉 조건적 용서에는 함정이 있다. 가해자가 먼저 회개, 참회 등 특정한 조건을 충족시킨 다음에야 용서할 수 있다는 '용서의 경제' 또는 '교환으로서의 용서'라는 틀에 갇혀버린다는 점이다. 교환 조건이 전제되는 용서는 그 순수성을 상실하고 특정한 계산에 의한 용서, 특정한 목적을 이루기 위한 교환 수단으로서의 용서가 되어버린다. "무엇을 얻고 무엇을 줄 것인가"라는 손익 계산이 개입되는 순간, 이미 용서의 의미가 왜곡되고 상실될 수 있다. 이러한 한계와 딜레마를 비판적으로 분석하면서, 용서의 윤리라고 할 '무조건적 용서'의 심오한 의미를 전개한 철학자가 바로 자크 데리다. 데리다는 여러 글과 강연을 통해 철학적·정치적·윤리적·종교적 의미를 아우르며 용서에 대한 논의를 확장하고 심화한다.

데리다는 앞서 언급한 한나 아렌트나 블라디미르 장켈레비치의 용서에 대한 이해에는 한계가 있다고 본다. 그들이 '용서의 정치'만을 다룰 뿐 '용서의 윤리'로 넘어가지는 못한다고 보았기 때문이다. 누군가 저지른 잘못이 '용서할 만한 것'으로 간주된다면, 그것은 용서가 아니라 망각·화해·보상 등으로 불려야 한다. 만약 쉽게 용서할 수 있다면 굳이 그 말이 중요한 주제로 등장할 필요가 없다. 그래서 데리다는 "용서란 용서할 수 없는 것을 용서하는 것"이라고 강조한다.[66]

'불가능한 것'을 용서할 때 비로소 진정한 용서가 가능하다는 데리다의 말은 사실상 용서의 심오한 의미와 그 말이 지닌 패러독스를 잘 드러낸다. 즉 진정한 용서가 가능한 지점은 용서가 '불가능하다'고 생각되는 순간이다. 종교에서 '가벼운 죄'를 용서하듯 누구나 쉽게 할 수 있는 것만을 용서한다면 용서의 의미는 사라진다. '치명적 죄' 또는 '용서받을 수 없는 죄'를 용서할 때 비로소 '용서'라는 이름을 붙일 수 있다. 데리다가 강조하는바 이러한 '용서의 불가능성'은 비로소 진정한 '용서의 가능성'의 시작이 된다. 이 사실은 용서의 윤리, 즉 무조건적 용서의 의미를 잘 보여준다. 그런데 일상에서 흔히 용서라는 말을 사용할 때는 사실상 데리다가 말하는 '용서의 불가능성'을 인식하거나 갈등하지 않는다. 따라서 다양한 정황에서 용서가 요청되고, 거절되고, 베풀어지기도 한다. 이러한 맥락에서 볼 때 데리다를 중심으로 전개되는 용서의 윤리나 무조건적 용서를 조명해볼 필요성이 생긴다. 그럼으로써 그 심오하고 복잡한 의미를 볼 수 있는 새로운 지평이 열리기 때문이다.

데리다의 용서에 관한 철학이 지닌 독특성을 알기 위해서는 1945년 2차 세계대전의 종전과 다양한 정치적 갈등 상황 이후 어떤 사회정치적 정황에서 회개·고백·용서 또는 사죄의 장면이 두드러지게 등장하기 시작했는지를 알 필요가 있다. 2차 세계대전이 끝난 후 개인들뿐만 아니라 공동체·전문 기업·종교 단체 수장·국가 수장 사이에서 용서가 등장하기 시작했다. 이는 데리다의 용서철학의 배경이 되어주었다. 모든 글은 언제나 그 글이 어떤 특정한 상황에서 쓰였는지 알 때 더 잘 이해할 수 있다. 프랑스의 나치 협력자 숙청 이후 1951년과 1953년의 대사면, 일본 아베 수상의 한국과 중국인들에 대한 공적인 사과, 칠레와 남아프리카 공화국의 진실화해위원회, 2001년 미국 백악관을 떠나는 빌 클린턴 대통령의 구금된 푸에르토리코인 대량 사면, 나치 정권하에서 가톨릭 교회의 침묵과 공모에 대한 교황 요한 바오로의 공개 사과 등의 '용서의 장면'은 데리다의 용서에 관한 성찰의 배경이 되어주었다.[67]

물론 이러한 일련의 용서에 관한 사건들은 중요한 사회정치적·역사적 의미가 있다. 그럼에도 '용서의 제스처'들이 사실상 치밀한 '정치적 계산' 아래 만들어졌다는 점, 그리고 용서가 '교환의 경제'의 틀 안에서 이루어졌다는 점을 비판적으로 바라볼 필요가 있다. 정치적 이익을 계산해 '용서의 레토릭' 뒤에 숨은 모습들은 '용서의 퍼포먼스'를 긍정적으로 보기 어렵게 만들기도 한다. 물론 공적 공간에서 일어나는 이 모든 다양한 용서의 장면은 저마다 의도와 순수성이 다를 것이다. 어찌 됐든 이처럼 고도로 정치화된 용서의 장면 속에서 '진정한 용서'는 의미를 상실하고 만다.

1945년 이후 정치적 차원의 '계산과 교환의 경제'로서의 조건적 용서가 세계적으로 급격하게 등장해 사실상 용서의 진정한 의미가 왜곡되는 딜레마를 경험하게 했다. 앞서 언급한 남아공의 진실화해위원회는 데스몬드 투투 주교의 지휘 아래, 인종차별 정권에서 범죄 행위를 했던 사람들을 사면하는 정책을 펼치면서 그 사면에 전제조건을 단다. 바로 자신이 행했거나 목격한 범죄 행위를 낱낱이 밝히는 것이다. 이 조건을 이행하는 이들에 한해서, 국가는 그들을 용서하는 사면을 실시하겠다고 했다.

데리다는 이러한 정치적 사면과 용서의 과정이 공적 화해의 '기독교화'라고 본다. 즉 기독교적 틀 안에서 조건적 용서의 과정이 정치적 영역으로 전이해 그대로 확산하는 결과가 되었다는 것이다. 남아공 진실화해위원회는 기독교 용어인 '회개'와 '죄의 용서'가 정치적 영역으로 확대된 전형적 예로 남게 되었다. 그런데 이 경우 정치적 용서의 궁극적 목적은 사실상 용서 자체가 아니라, 국민적 화해를 통한 새로운 국가의 형성과 보존이다.

　나아가 이러한 조건적 용서는 주권을 가진 사람들에 대한 한 국가의 통치권이 사람들에게 재각인되는 기회가 된다. 전통적으로 사면의 권리는 왕, 즉 신과도 같은 모습을 한 왕에게만 주어졌다. 정치적 용서 행위로 권력을 행사하는 통치자의 사면 등은 역사와 통치권의 온전성 보존을 위해 특정 구조를 안정시키는 과정이 되었다. 이는 역설적이게도 실제 용서에 적대적인 것이 되어버린다. 사회정치적 통치권 유지와 강화를 위해 국가적 화해라는 거대한 명제 아래 행해지는 집단적 용서는, 다양한 구체적 정황과 조건적 용서를 넘어서는 무조건적 용서의 가능성을 외면하고, 배제하고, 제한하기 때문이다.

　보통은 단순한 상황에서의 조건적 용서는 잘못을 사과하고 용서를 구하는 가해자와 피해자 사이에서 일어난다. 피해자는 용서할지 말지를 결정할 수 있는 위치에 '용서의 권리'를 지닌 사람으로 서 있다. 그런데 이처럼 통상적 경우가 아니라, 가해자나 피해자가 국가 전체, 집단 전체, 가족 전체일 경우, 혹은 이미 죽은 가해자들이나 피해자들과 관련된 일일 경우, 용서에 대해 생각하고 다루기가 참으로 복잡하고 어려워진다. 이때 대량 학살, 전쟁, 살상의 피해자를 대신해 용서의 권리를 지닌 사람, 가해자를 용서할 수 있는 사람은 대체 누구인가. 또는 가해자를 대리해 사과하고 용서를 구할 수 있는 사람은 누구인가.

2) '나는 너를 용서한다': 용서의 공식이 지닌 딜레마

용서가 벌어지는 정황에서 등장하는 공식이 있다. '나는 너를 용서한다I forgive you'라는 것이다. 그런데 이러한 용서의 공식에는 어떤 딜레마가 있는가. 정치적 공간에서 일어나는 용서의 장면에서 심각한 문제가 되는 것 가운데 하나는 사람들 간의 '윤리적 위계주의'가 공적으로 선포되고 사회정치적으로 고착된다는 점이다. 예를 들면 남아공 진실화해위원회가 촉발한 것처럼 정치적 공간에서 용서를 행할 때 그 용서의 행위들이 공개적으로 밝혀진다. 그리고 피해자가 자신에게 '해당되는' 가해자를 용서할 때, "나는 너를 용서한다"라고 선언하는 용서의 예식이 행해진다. 그런데 이 말이 무엇을 의미하는지 생각해볼 필요가 있다.

우선 "나는 너를 용서한다"는 말은 "나는 이제 너를 증오하지 않는다"라는 말과 유사한 의미로 쓸 수 있다. 또한 이 말은 빚의 탕감이나 약속일 수도 있다. 즉 "나는 너를 용서한다"는 다음과 같은 세 가지 의미를 담는 말이다. 첫째, 용서하는 사람의 감정 상태를 드러내는 의미. 둘째, 물질적인 것이든 감정적인 것이든 빚의 탕감을 선언하는 의미. 셋째, 미래에 할 행동에 대한 용서자의 결의. 그런데 사람들이 용서의 공식으로 쓰곤 하는 "나는 너를 용서한다"는 말을 깊이 들여다보면 심각한 윤리적 한계와 딜레마가 있다.

"나는 너를 용서한다"에서 주어로 사용되는 '나'의 정체는 과연 무엇인가. 여기서 용서하는 '나'는, 용서받는 '너'보다 우월한 위치에 서서 용서를 선언하는 용서자가 된다. 그리고 "나는 너를 용서한다"는 선언을 통해 사실상 용서받는 자에게 '통치권'을 행사한다. 결과적으로 용서하는 사람과 용서받는 사람 사이에 우열이 구분되는 '윤리적 위계주의'가 형성되고 이를 '자연적인 것'으로 만든다. 즉 "나는 너를 용서한다"에서 용서하는 주체로 설정되는 '나'는, 나의 용서를 받는 '너'보다 우월한 사람이라는 점이 자연스럽게 각인된다. 이렇게 사람의 우열을 절대적인 것으로 고착시키면 가해자나 피해자가 저마다 평등한 인간이라는 점을 간과하게 된다. 용서하는 사람을 위대한 도덕적 품성을 지닌 사람으로 이상화하고 승격시킴으로써 한 인간으로서 그가 지닌 복합적이고 다양한 모습을 한 가지로 고착시킨다는 것이다. 이렇게 용서의 공식이 양산하는 '윤리적 위계주의'는 결국 가해자나 피해자를 하나의 모습으로만 규정하고 고착시켜 그들의 새로운 가능성이나 다층적 삶의 구조 모두를 일정한 틀에 가둔다.

이러한 맥락에서 데리다는 "나는 너를 용서한다"라는 전형적 용서의 양상에 비판적으로 문제를 제기한다.[68] 용서의 전형적 표현은 '나'의 통치 권력과 용서권을 선언하는 동시에 조건적 용서의 딜레마를 적나라하게 드러내기 때문이다. 즉 이전에는 폭력적 상황에서 통치 권력을 행사하던 가해자와 그 권력의 희생자였던 피해자가, 이제는 뒤바뀐 위치에서 유사한 통치 권력을 행사하는 상황이 연출된다. 용서하는 사람이 된 이전의 피해자를 '승리자'이자 고귀한 사람으로 치켜세우고, 용서의 대상이 된 가해자를 '범죄자'이자 '실패자'로서 가장 낮은 자리에 격하시킨다. 윤리적·정치적 위계주의는 이렇게 자연적인 것으로 고착되어버린다. 특히 2차 세계대전 종전 후 정치적 영역에서 벌어진 일련의 '용서 사건'은 용서가 지닌 매우 복합적 층위를 드러내면서 용서의 가능성과 불가능성의 차원을 다양하게 조명할 필요성을 상기시킨다.

데리다는 '진정한 용서', 즉 '용서의 윤리'에는 어떤 '통치권'의 행사나 윤리적 위계주의도 작동되지 않는다고 보았다. 흔히 전통적 맥락에서 이해되는 용서의 공식인 "나는 너를 용서한다"라는 말은 용서하는 주체를 '나'로 설정함으로써 근원적 문제점을 발생시킨다. 용서가 지닌 심오한 차원을 이해하려면 용서하는 사람과 용서받는 사람 사이의 윤리적 위계주의와 주고받는 교환으로서의 용서, 조건적 용서의 한계를 인지하는 동시에 언제나 그 조건적 용서를 넘어서는 용서에 대해 생각해야 한다. 조건적 용서를 할 수밖에 없는 상황일지라도, 한편으로는 '무조건적 용서'를 고려해야 한다는 것이다. 여러 가지 한계와 문제점을 지닌 조건적 용서를 통해서는 윤리적 위계주의, 계산된 교환으로서의 용서 같은 심각한 딜레마와 문제들을 보지 못하고 그 복합적이고 심오한 차원을 외면하게 되기 때문이다.

"나는 너를 용서한다"는 공식에서 '나'는 "용서하는 사람으로서의 나"를 의식하기 시작한다. 이러한 자기의식은 우선 용서하는 스스로에게 자부심을 느끼게 하며, 용서받는 사람도 용서하는 '나'에게 감사해야 한다는 의식으로 이어진다. 즉 "나는 너를 용서한다"는 용서의 공식을 받아들이자마자 '용서의 계산'이 시작되며, 이렇게 '용서의 교환경제'가 시작되자마자 순수한 용서는 사라지고 만다. 따라서 데리다는 진정한 용서는 '밤'에 일어나며, 이 '밤'은 용서의 중요한 구성요소가 된다고 말한다.[69]

여기서 왜 데리다가 용서라는 사건에서 '밤'을 중요한 메타포로 쓰는지 생각해볼 필요가 있다. 데리다가 말하는 진정한 용서·순수한 용서·무조건적 용서·용서의 윤리는 '선물'이나 '환대' 같은 개념의 연장선에서 생각해보아야 한다. 주는 사람 스스로 준 행위를 의식하고 받는 사람이 고마워하리라 기대한다면 진정한 선물이 될 수 없다. '선물의 교환경제'가 형성되기 때문이다. "당신에게 선물한다"는 선물의 공식에 따르는 것이 아니라 "선물이 주어졌다"는 수동태로서의 선물, 즉 선물을 준 주체가 스스로 의식하지 않고 받는 사람에게 고마움의 표현이라는 '감사의 빚'을 지우지 않는 것이 진정한 선물이다.

진정한 용서는 '밤'에 일어난다고 하면서 '밤'이 용서의 구성요소라고 한 데리다의 말은 용서·선물·환대·사랑 등에도 매우 중요하다. 그런데 흥미롭게도 예수도 이와 매우 유사한 메타포를 쓴다. 즉 예수는 자선을 베풀 때 "오른손이 하는 일을 왼손이 모르도록 해야 하며 의로운 일들은 '비밀로' 해야 한다"고 강조한다.[70] 여기서 오른손이 하는 일을 한몸에 속한 왼손조차 '모르도록 한다'는 건 무엇을 의미할까? 이는 결국 데리다의 '밤'이라는 메타포가 담아내는 의미와 매우 닮았다. 캄캄해서 아무것도 안 보이는 밤, 그래서 '누가' 그 행위를 주도하고 누가 그 용서를 받은 사람인지 당사자들 말고는 전혀 알 수가 없는 보이지 않는 '밤'에 비로소 진정한 용서가 가능해진다고 데리다는 강조한다.

용서라는 이름을 담을 만한 가치가 있으려면 언제나 '단수적'이고 급진적으로 '창의적'이어야 한다. 즉 용서를 기존 지식·도덕·법·윤리·문화·철학 등으로 환원하거나 그러한 것들의 재생산이라는 의미로 이해해서는 안 된다. 또는 '용서받을 수 없는 사람'일지라도 용서를 받고 나면 '용서받을 만한 사람'으로 변화한다는 식으로 제시한다면 이미 용서의 순수성과 진정성을 상실하게 된다. 용서가 이루어지자마자 그 용서는 우리의 시야에서 사라져야 한다. 이러한 의미에서 용서란 숙달 가능한 것이 아니며, 내가 통치할 수 있는 의도적 결과가 아니다. 용서는 책임성과 마찬가지로 언제나 '비밀스러움', '드러나지 않는 어떤 것'과 연결되어 있다.

진정한 용서는 진정한 선물과도 같은 것이다. 데리다에 따르면 진정한 선물은 첫째, 아무런 보상이나 대가를 전제로 해서는 안 된다. 즉 주는 '내'가 받는 '너'에게 어떤 보상이나 대가를 바라는 순간 진정한 의미를 상실한다. 둘째, 선물을 주는 '내'가 주었다는 사실조차 잊을 수 있어야 한다. 데리다는 이것이 진정한 선물이라고 강조한다. 물론 여기서 '잊는다'는 것은 인지적 기능을 말하고 있지 않다. 이는 '주었다'는 '사실'을 망각하는 것이 아니라, 선물을 준 '내'가 여타 감정적·실질적 권력 행사를 의식적으로든 무의식적으로든 전혀 행사하지 말아야 한다는 뜻이다. 정치적 용어로 하면 '선물'을 통해 '통치 권력'의 행사가 작동되는 한, 그것은 더는 '선물'이라는 이름을 지닐 수 없다.

선물에 대한 데리다의 이해는 환대나 용서에도 동일하게 적용된다. "나는 너를 용서한다"라는 용서의 공식이 적용되는 상황을 한번 그려보자. 나는 누군가를 용서하면서 그 사람보다 내가 우월한 위치에 있다고 생각한다. 용서받은 사람이 용서해준 '나'를 보면 언제나 고마워하고 감사해야 한다고 생각하면서 그렇지 않을 경우 배신감을 느낄지도 모른다. 용서받은 후에는 변한 모습을 보여야 한다며 용서하는 사람으로서 '기대의 지평'을 설정해놓기도 한다. 이러한 일련의 용서 과정에서 용서하는 '나'를 용서받은 사람보다 도덕적 우월성을 지닌 사람으로 간주하고 용서 행위를 마치 '선심'을 베푼 것인 양 생각할 수 있다.

이러한 용서의 정황이 바로 데리다가 비판적으로 개입하는 지점이다. 용서의 과정에서 어떤 방식으로든 용서받는 사람에 대한 권력을 지닌 통치적 주권자처럼 행세한다든지, 보상과 대가를 바란다든지, 용서했다는 사실을 늘 '기억'하는 것은 용서를 분명한 한계와 조건 속에 제한하는 기능을 한다. 이러한 용서의 제한성이 작동될 때, 이미 용서는 '용서'라는 이름을 담을 수 있는 순수한 용서, 진정한 용서로서의 의미를 상실하고 만다.

3) 계산과 교환경제 너머의 용서

무조건적 용서, 즉 용서의 윤리는 아무런 전제조건 없이, 아무런 교환이나 계산 없이 이루어지는 용서다. 즉 수지 타산을 계산하는 여타 경제의 사유 방식을 훌쩍 뛰어넘을 뿐 아니라 조건적 용서와는 달리 가해자의 사과·참회·화해의 약속 등 용서가 이루어지기 전의 전제조건에 대한 설정 없이 이루어진다. 이러한 무조건적 용서가 이루어지는 곳에서 가해자는 영원한 가해자, 피해자는 영원한 피해자이며, 잘못된 행위는 망각될 수 없는 것으로 남는다. 그럼에도 여전히 이러한 용서가 일어난다. 조건적 용서의 정황에서 보듯 가해자와 피해자의 '통치적 권력'이 뒤바뀌는 도치도 없으며, 범죄적 사건의 묘사와 구성에 개입되는 특정한 정치적 계산에 의해 그 용서가 독단적으로 재단되지도 않는다.

여기서 '통치적 권력'이란 특정한 정황에서 이를 통제하고 조정하는 권력이나 힘을 말한다. 범죄 현장에서는 가해자가 피해자에 대한 통치적 권력을 행사한다. 그러나 용서의 정황에서는 권력의 중심이 이전의 가해자에게서 피해자에게 전이되면서, 용서하는 사람이 이전의 가해자에 대한 통치적 권력을 행사하게 된다. 데리다는 용서의 과정에서 매우 '자연스러운' 표현인 것 같은 "나는 너를 용서한다"라는 말이 지닌 문제점을 비판적으로 조명하는데 이는 용서에 관한 이론이나 실천에서 매우 중요한 의미가 있다. 데리다의 이러한 비판적 접근은 조건적 용서와 무조건적 용서의 경계가 어디인지 알려주기 때문이다. 용서가 일어날 때 용서자가 선언하는 "나는 너를 용서한다"라는 말에서 주어인 '나'는 피해자로서의 '내'가 가해자로서의 '너'에 대한 통치 권력을 선언하는 기능을 함으로써 조건적 용서의 한계를 드러낸다. 이러한 의미에서 볼 때 무조건적 용서는 일상적 관계 방식을 뒤집는다.

순수한 용서, 무조건적 용서는 일상적 궤도에 따라 속죄·구원·화해 등의 특정하고 고정된 방향을 향하지 않는다. 오히려 그 일상적 궤도와 기대에서 단호히 분리되어 예상을 벗어난 폭발 등의 돌연한 사건으로 이루어진다. 이 점에서 볼 때 용서는 폭력과 역폭력이 난무하는 일상 세계에 벌어지는 뜻밖의 놀라운 사건과 같다고 아렌트와 데리다는 역설한다. 조건적 용서와 달리 무조건적 용서에는 전제조건이나 지침서, 용서를 통해 달성하려는 최종 목적 같은 것이 없다. 매 정황마다 용서 자체만이 '유일무이한 사건'으로 일어날 뿐이다.

남아공 진실화해위원회의 활동 과정과 양상을 통해 볼 수 있는 것처럼, 조건적 용서는 종종 '화해', '일상의 회복', 또는 '정상 회복' 등의 목적을 이루려는 수단으로 행해지거나 그 중간 과정에서 일어난다. 한편 이러한 조건적 용서는 서로에 대한 증오와 질시가 난무하는 분쟁 상황에서 화해를 일구어내려는 시도라는 점에서 중요한 기능을 한다. 그렇지만 이러한 조건적 용서가 지닌 한계와 문제점 또한 잊어서는 안 된다. 무조건적 용서는 구체적 현실에서 일어나는 조건적 용서를 더욱 진정성 있는 용서로 만들어가기 위해 언제나 기억해야 할 '용서의 영원한 참고 사항'과 같다. 즉 유한한 인간이 온전히 실현하기 불가능할지라도 우리는 그러한 무조건적 용서의 차원을 늘 기억하고 참고할 필요가 있다. 이는 조건적 용서의 제한된 지평을 확장하도록 자극하고 이를 심오하게 만드는 데 중요한 터전을 마련해주기 때문이다.

또 다른 차원의 용서를 생각해볼 필요가 있다. 용서를 통해 한 인간의 내면적 상처를 치유할 수도 있지만, 그렇다고 해서 용서가 '치료 요법'의 하나로 이해되는 것은 문제가 있다. 누군가를 사랑함으로써 마음의 상처를 치유하는 것이 가능하다 해도 진정한 사랑은 기쁨과 행복만이 아니라 예상 못 했던 고통과 아픔 역시 모두 끌어안는 것이다. 사랑이 치료 요법이란 목적에서 행해진다면

용서에 대하여

바로 그 계산적 순간에 사랑의 순수성과 진정성은 사라진다. 이 같은 맥락에서 볼 때 무조건적 용서에 담긴 용서의 순수성 또한 그 자체로서의 용서가 일어나는 경우에만 가능하다. 사회적·국가적·정치적·심리적 '정상성'을 회복하기 위해서라거나 '치유' 등의 특정한 '최종 목적'을 정하는 순간 용서의 순수성이 상실되기 때문이다. 이러한 의미에서 순수한 용서란 순수한 사랑과 마찬가지로 계획되고 예정된 일상적 틀에서 벌어지는 '일상적 사건'이 아니라, 일상성의 공간 밖에서 일어나는 '예외적 사건'이다.

용서는 사랑·우정·환대 등의 개념에도 동일하게 적용될 수 있다. 그렇다면 이 무조건적 용서, 또는 용서의 윤리 개념을 환대에 적용해보자. 환대의 정치, 즉 무조건적 환대는 아무런 전제조건 없이 환대의 대상을 향해 무조건적 환영과 환대를 베푸는 것을 말한다. 이때 환대의 대상이 되는 사람의 법적 위치가 무엇인지, 비자가 있는지, 미등록 이주자인지, 나와 종교가 같은지 다른지를 막론하고 환영한다. 이는 익숙하고 가까운 가족·친척·친구만이 아니라 전혀 알지 못하는 이들에게 베푸는 것이다. 무조건적 용서의 차원에는 바로 이 '불가능성에서의 요구'가 있다. 물론 현실에서 이러한 무조건적 사랑·환대·용서를 하기란 '불가능'하다. 그러나 이렇게 '용서의 가능성'만이 아니라 '용서의 불가능성'이라는 두 축 사이를 오갈 때 '용서의 가능성'에 따른 조건적 용서와 용서의 정치를 더욱 심화·성숙·발전시킬 수 있을 것이다.

데리다는 〈용서에 관하여〉라는 글에서 자신이 생각하는 무조건적 용서, 진정성을 지닌 용서에 대해 다음과 같이 말한다. "내가 꿈꾸는 것은, 그리고 내가 용서의 '순수성'으로 용서라는 이름을 지닐 가치가 있다고 생각하는 용서는, 아무런 권력이 없는 용서다."[71] 무조건적인 그러나 통치적 권력sovereignty이 개입되지 않는 용서다. 그렇다면 도대체 이러한 데리다의 '낮꿈daydream'은 언제 어떻게 이루어지느냐고 묻고 싶을지 모른다. 사실상 이러한 '불가능한 것에 대한 열정'은 인류가 더 나은 세상을 꿈꾸게 하고, 더 나은 사회와 공동체를 이룰 수 있도록 조금씩 가능성의 문을 확장해왔다. 현실 세계에서는 이상적으로만 보이는 이 무조건적 용서는 아주 순간적으로라도, 조건적 용서의 한계와 벽을 넘어서게 하면서 더욱 진정한 용서의 가능성을 확장시킨다. 그런데 이러한 무조건적 용서가 구체적 현실에서 일어나는 것은 어떠한 정황에서인가. 데리다는 다음의 예를 통해서 이를 설명한다.

한 범죄자가 동일한 사람에게 계속 같은 범죄를 저지른다고 가정하자. 피해자는 그가 결코 사과하거나 변화되지 않을 것을 알면서도 지속적으로 가해자인 범죄자를 용서한다. 이러한 정황에서 망각이나 화해의 가능성은 전혀 없다. 피해자는 "당신은 나를 죽이려고 하지만 나는 당신을 용서하겠다"라고 하며 울부짖을 것이다. 그런데도 두 사람 사이에는 '가해자−피해자'라는 결코 피할 수 없는 상호 관계만이 남는다. 물론 이러한 무조건적 용서의 역설적 논리를 사회정치적 차원에서 혹은 개인적이고 사적인 차원에서 이해하기는 사실상 매우 어렵다. 예를 들면 가부장제 사회에서 가정 내 폭력의 희생자로 살아가는 여성들에게 일방적으로 무조건적 용서를 강요하면서 용서를 남용할 경우 피해자는 더욱 심각한 피해를 입고, 가해자는 아무런 변화나 반성의 기회를 갖지 못한다.

이처럼 무조건적 용서를 실천하는 데 있어 현실 세계에는 다양한 딜레마가 존재하지만 다음과 같은 세 가지 측면에서 용서의 심오한 차원을 이해하기 위해 무조건적 용서는 매우 중요하다. 첫째, 용서란 '용서할 수 없는 것을 용서하는 것'이다. 사랑할 만한 것만을 사랑한다면 이미 '사랑'이란 이름을 지닐 가치가 없는 것처럼, 용서할 만한 것만을 용서할 때 이미 '용서'라는 이름을 부여받을 가치가 없다. 둘째, 용서란 일상적 삶의 궤도에서 일어나는 것이 아니다. 즉 용서는 일상적 삶의 틀과 궤도를 돌연히 멈추게 하면서, 탈일상의 공간에서 일어나는 '예외적 사건'이다. 셋째, 무조건적 용서는 용서가 용서자의 통치 권력을 행사하는 사건이 되어서는 안 된다는 것을 상기시킨다. 그랬을 때 범죄자는 범죄자로, 피해자는 피해자로 영원히 남게 되며, 범죄자와 피해자의 관계가 그대로인 채 범죄 행위가 결코 망각되지 않는다.

'용서의 정치'와 '용서의 윤리' 또는 '조건적인 용서'와 '무조건적인 용서'라는 두 축은 사실상 인간의 현실 세계에서 매우 중요하며 어느 것도 없어지거나 어느 한쪽으로 환원되어서는 안 된다. 잘못의 고백, 참회, 화해가 전제조건이 되는 조건적 용서, 용서의 정치라는 축이 한편에 존재한다. 또 한편으로는 어떤 전제조건이나 계산도 없는 전적으로 무조건적인 용서의 차원이 '불가능성의 가능성'으로 존재한다. 따라서 '무조건적 용서'와 '조건적 용서'라는 두 축은 분리 불가능하며 그 어느 쪽도 다른 쪽에 환원되어서는 안 된다. 구체적인 사회정치적 정황에서는 효과적·구체적·역사적인 차원에서의 용서, 즉 조건적 용서가 가능하다. 한편 용서의 순수성을 간직하려 한다면, 심리적·사회적·정치적인 모든 종류의 조건들이 연속적으로 개입하는 과정을 통해 그 순수성의 실현이 가능해진다. 이 두 가지 용서의 축 사이에서, 용서와 연결된 다양한 결정이 행해지고 책임감이 발휘된다.

그런데 분명히 인식해야 할 것이 있다. '순수한 용서 자체'는 지식이나 이론이 아니다. 즉 하나의 고정된 형태나 양식으로서 '용서의 절대적 순수성'이란 존재하지 않는다. 사면이나 국가적 화해 등 설정된 '목적'을 위해 용서의 순수성, 용서의 무조건성, 용서의 윤리가 이루어질 때 윤리적 붕괴를 불러온다. 이것이 '무조건적 용서'와 '조건적 용서', 그리고 '용서의 윤리'와 '용서의 정치'라는 두 축 사이에 끊임없는 '협상'이 있어야 하는 이유다.

4. 이중적 정언명령: 조건적 용서와 무조건적 용서

이 세상에서는 갖가지 문제들이 끊임없이 일어난다. 지속적으로 문제가 일어난다는 것은 인간이 개인적으로 또는 집단적으로 '잘못'을 저지른다는 뜻이다. 이러한 현실에 어떻게 반응해야 하는가. 인간이 불완전한 존재라는 사실은 인간의 삶에서 용서라는 문제를 생각지 않을 수 없다는 것을 의미한다. 인간은 불완전하므로 의식적으로, 또는 무의식적으로 늘상 잘못을 저지르기 때문이다. 그래서 용서받는 것도 필요하고, 누군가를 용서하는 것도 필요하다. 용서가 없다면 인간은 과거의 감옥에 자신 또는 타자를 가두어놓음으로써 미래를 향해 나아갈 수 없다. 이는 용서의 필요성이 인간 삶에서 빼놓을 수 없는 문제로 등장하는 이유다. 또한 용서의 필요성에 대한 인식은 용서의 딜레마를 숙고하지 않을 수 없게 한다. 근원적 필요성이 없다면 굳이 그러한 딜레마와 씨름할 필요가 없기 때문이다.

살아간다는 것은 무수한 딜레마와 씨름하는 과정이다. '딜레마'

라는 것은 이미 어떤 선택을 하든 절대적 선택이 불가능한 상황을 의미한다. 어떤 선택이든 각기 한계가 있기 때문이다. 용서는 이론적이든 실천적이든 다층적 딜레마와 대면해야 하는 문제다. 그런데 용서가 지닌 가장 근원적 딜레마는 조건적 용서와 무조건적 용서라는 '이중적 정언명령'의 문제다. 과연 진정한 용서, 즉 무조건적 용서는 가능할까. 이 물음에는 즉각 불가능하다는 답이 나온다. 사랑이든, 용서든, 환대든 인간이 아무 계산 없이 무조건적으로 행위하는 것이 거의 불가능하다는 사실은 분명하다. 그런데 이 '불가능한 것'이 바로 용서·사랑·환대 등의 행위에 근원적으로 자리 잡은 의미가 되기에 인간은 역설적 상황에 놓인다. 나아가 이러한 '불가능한 가능성'으로서의 용서 개념은 아이로니컬하게도 용서의 한계를 지적하는 동시에 용서의 가능성에 어떤 조건이 필요한지 예시한다.

앞서 논의한 것처럼 용서가 개인적 차원을 넘어 공적인 사회정치적 이슈로 등장하기 시작한 것은 2차 세계대전 이후 다양한 문제들이 공적 영역에서 논의되면서부터다. 홀로코스트와 알제리·코소보·남아프리카공화국의 인종차별 정책 이후 화해와 사면 문제가 중요 현안으로 떠올랐다. 그리고 역사적 폭력·분쟁·전쟁의 피해자와 가해자 사이의 화해나 용서 문제에 있어 개인적 차원과 집단적이고 공적인 차원이 분리될 수 없는 문제로 부각되기 시작했다. 이렇게 특정한 역사적 맥락에서 사회정치적 이슈로 부각되기 시작한 용서는 특정한 의미에서 '세계화'되어왔다. 일본 총리가 한국인들에게 용서를 구하고, 남아공의 백인 억압자들이 흑인 피해자들에게 용서를 구하는 '용서의 세계화'가 나타나기 시작한 것이다. 이렇게 '국가적 화해'라는 이름으로 용서가 요청되는 상황에서, '용서의 세계화'는 오히려 그 진정한 의미를 왜곡하는 데 일조하기도 한다. 아무런 전제조건이나 계산 없이 이루어지는 무조건적 용서는 화해, 국가적 안정 등의 다양한 정치적 계산 아래 주어지는 조건적 용서와 상충적 위치에 있다.

앞서 언급했듯이 데리다가 "용서란 용서할 수 없는 것을 용서하는 것"이라고 할 때 이는 무조건적 용서를 의미한다. 이 무조건적 순수성의 용서는 칸트적 의미에서 '도덕적 법률'이며, 레비나스적인 의미에서는 '무한한 책임성'이다. 용서할 수 없는 것을 용서하는 것, 그리고 화해할 수 없는 것과 화해하는 것이 바로 진정한 용서, 무조건적 용서의 정언명령이다. 이러한 점에서 무조건적 용서와 조건적 용서는 용서의 두 축을 이룬다. 이 두 축은 분리가 불가능할 뿐 아니라, 어느 한쪽으로 환원되는 것도 불가능하다. 다만 구체적 현실에서 책임 있는 정치적 행동과 결정을 하려면 무조건적 용서는 두 축 사이에서 끈기 있게, 지속적으로 절충하면서 영원한 참고의 축을 이루어야 한다.

그런데 데리다는 이러한 무조건적 용서, 그 용서의 불가능성을 강조함으로써 단지 용서의 실천적 행동을 마비시키려는 것이 아니다. 또는 실현될 수 없는 이상에만 매달림으로써 일상적 현실에서 진행되는 모든 용서하는 행동이 무의미하고 적절하지 않다고 미리 재단하는 것도 아니다. 오히려 데리다는 서구의 종교적·문화적 전통에서 이해되어온 용서의 무조건적 의미와 조건적 의미가 근원적으로 이분화될 때의 한계와 위험성을 예리하게 지적한다. 그럼으로써 데리다는 조건적 용서의 한계를 넘어서려는 지속적 절충과 확장의 중요성을 상기시킨다. 조건적 용서와 무조건적 용서 사이에는 넘을 수 없는 경직된 벽이 존재하는 것이 아니다. 이 두 축의 끊임없는 절충을 통해 구체적 현실에서 가능한 '조건적 용서'의 심화와 확장이 가능해진다.

"진정으로 가능한 용서는 불가능한 용서"라는 역설적 딜레마와 씨름하지 않을 때 '값싼 용서'만이 남발될 것이다. 반면에 유한성을 지닌 인간의 한계 속에서도 무조건적 용서와 조건적 용서 사이에서 치열하게 용서를 고민할 때, 설사 그 용서에 조건적 용서의 구성요소가 존재한다고 해도 아무런 고민이나 절충의 과정 없는 용서보다 훨씬 더 심오하고 '값비싼 용서'가 될 것이다. 물론 현실 정치 세계에서 구체적인 정치적 행동을 기획하는 데만 무조건적 용서가 직접적으로 적용될 수는 없다. 그러나 이 두 축에 대한 분명한 인식과 존중이 있을 때 정의로운 정치적 행동이 가능해진다. 한편으로는 무조건적 용서라는 축을 바라보고, 또 한편으로는 현실 세계의 조건적 용서를 바라보면서, 매 정황마다 용서하는 법을 배워야 한다. 이것이 바로 '용서의 이중적 정언명령'이다. 진정한 용서란 "용서할 수 없는 것을 용서하는 것"이라는 데리다의 용서에 대한 이해는, 용서의 심오한 패러독스뿐 아니라 사랑·우정·선물·환대 등 인류의 보편 가치가 담는 근원적 패러독스와 치열하게 씨름할 것을 촉구한다.

에필로그

여정으로서의 용서

21세기 들어 세상 곳곳에서 개인적 차원이나 정치적 차원의 다양한 폭력과 잘못된 일들이 벌어진다. 지구촌 여기저기에서 전쟁이 끊이지 않으며, 유럽의 시리아 난민들은 인간에게 가장 기본적인 일상적 삶을 박탈당한 채 살아간다. 세계적인 정황에서 국가 간의 관계뿐 아니라, 개인들의 관계 속에서도 다양한 얼굴을 한 폭력과 상호 증오가 난무한다. 이 잔혹한 시대에 어떻게 살아가고 반응해야 하는가. 어쩌면 용서와 화해는 잔혹한 폭력의 시대를 살아가는 인간이 생존하기 위해 필수적인 것인지도 모른다. 용서에 대한 이 책은, 유한하고 불완전한 인간 삶에서 불완전한 인간이 만들어내는 갖가지 양태의 잘못된 일들을 넘어서서, 모두가 살아갈 만한 세계를 추구하고 모색하기 위한 것이다. 용서와 화해가 얼마만큼 가능하고 어떤 방식으로 전개되는가는, 개인적이고 사회정치적인 구체적 정황에 따라 매우 다르다. 따라서 용서에 대해 수치로 제시할 수 있는 측정 기준이나 가이드를 만들어내는 건 불가능하다.

우선적으로는 가해자와 피해자, 이 두 사람 간의 사건이 용서의 전형적 예로 생각될 수 있다. 그러나 용서에는 두 사람 간 혹은 두 그룹 간의 용서뿐 아니라 자기 용서, 형이상학적 용서, 정치적 용서, 종교적 용서 등 다양한 형태의 용서가 있다. 크게 보면 용서에는 두 가지가 있다. 최선의 바람직한 용서인 '완전한 용서' 그리고 '불완전한 용서'다. '완전한 용서'는 용서하는 자와 용서받는 자 사이에 기대할 수 있는 모든 일이 가능한 상황에서의 용서다. 즉 가해자는 자신의 잘못을 고백하면서 앞으로는 잘못을 되풀이하지 않겠다고 약속하며 용서를 구하고, 용서하는 사람은 이를 받아들이고 가해자를 용서하는 것이다. 반면 '불완전한 용서'는 완전한 용서가 지닌 여러 가지 요소 중에서 부분적으로만 이루어지는 용서를 말한다. 물론 이렇게 최선의 바람직한 용서인 완전한 용서와 불완전한 용서, 두 가지로 용서를 나누는 데는 한계가 있어서 용서를 완벽하게 구분할 수는 없다. 인간의 행위는 수학 공식같이 기계적 측정과 수치로 드러나 구분될 수 없기 때문이다. 인간은 이 완전한 용서와 불완전한 용서라는 두 축 사이에서 갈등하고 좌절하며, 다시 힘을 내어 완전하고 이상적인 최선의 용서를 이루려는 의지와 마음을 가져야 한다. 그러한 필요성 때문에 전략적으로 이러한 구분이 요구되기도 한다.

그런데 조금 다른 각도에서 용서를 들여다보자. 잘못의 고백, 변화의 약속, 용서의 요청 등 용서의 특정한 전제조건이 설정되고, 그 조건들이 합당한가 여부로 '완전한 용서'와 '불완전한 용서'를 구분하는 데는 여전히 한계가 있다. 전제조건이 이미 설정된다면 완전해 보일지라도 결국 조건적 용서일 수밖에 없기 때문이다. 자크 데리다는 이렇게 일상적 용서로 생각되는 것에 근원적 문제 제기를 하면서, 조건적 용서와 무조건적 용서를 구분한다. 용서의 정치로서의 조건적 용서는, 특정한 전제조건이 이뤄져야만 용서의 가능성이 열리는 용서다. 조건적 용서는 그것이 최선의 용서든 불완전한 용서든, 용서하는 사람과 용서받는 사람 사이의 윤리적 위계를 형성한다. 즉 용서하는 사람은 용서의 덕을 행사한 우월한 자, 용서받는 사람은 그 수혜자라는 '윤리적 위계'가 형성된다. 동시에 용서받는 사람은 용서 이후에도 다시는 그러한 잘못을 되풀이하지 않겠다는 약속을 지켜야 할 '부채'를 지닌다.

반면 용서의 윤리로서의 무조건적 용서는, 조건적 용서와 달리 어떠한 선행조건도 제시하지 않는다. 즉 용서하는 사람은 용서를 베풀기 위한 선행조건으로 가해자의 회개나 반성, 변화하겠다는 약속 등 아무런 전제조건을 내세우지 않고 '무조건적'으로 용서한다. 또한 용서하는 자와 용서받는 자 사이에는 아무런 '부채' 관계가 존재하지 않으며, '윤리적 위계주의'가 작동되지 않는다. 이러한 맥락에서 무조건적 윤리는 '불가능성의 윤리'이기도 하다.

용서에는 두 가지 중요한 점이 있다. 하나는 '진실'이고 또 다른 하나는 '기억'이다. 용서에 있어서 우선적으로 용서하는 사람이 알고자 하는 것은 진실이다. 무엇이, 어떻게, 그리고 왜 일어났는가에 대한 한 점 왜곡 없는 진실은 무엇보다 중요한 용서의 밑거름이 되어준다. 진실이 은닉되거나 왜곡되었다고 느낀다면 용서하는 사람은 진정한 용서의 마음 자체를 가지는 것이 불가능하다. 그다음 중요한 것은 기억이다. 흔히 많은 사람들이 망각을 용서라고 생각하는데, 진정한 용서는 망각이 아닌 분명한 기억이다. 일어난 사건을 분명히 기억할 때만이 사건과 연관된 용서의 의미가 더욱 분명하게 자리 잡는다

용서가 없다면 삶은 어떻게 될까. 한나 아렌트는 용서는 끊임없이 '새로운 존재'로 다시 태어날 가능성을 열어주는 행동이라고 본다. 인간은 누구도 완벽하지 않다. 이러한 불완전성으로 인해, 인간은 수많은 잘못을 저질러 타자에게 상처를 입히기도 하고, 스스로가 상처를 받기도 한다. 이러한 인간 삶의 조건에 용서가 없다면 우리 모두는 자신을, 또는 타자를 '잘못의 감옥'에 가두고 현재나 미래의 부재 속에 '과거의 존재'로만 살아갈 것이다. 또한 인간은 새로운 현재와 새로운 미래에 대한 희망이 부재한 삶을 살아갈 운명에 놓인다. 이렇게 볼 때 용서는 인간과 그 인간이 몸담고 살아가는 사회에 새로운 삶의 가능성을 열어주는 참으로 중요한 행동이자 사건이라고 할 수 있다. 이처럼 새로운 삶의 가능성을 열어준다는 의미에서의 용서는 '기대할 수 없는 것이 기대할 수 있게 되는 것'으로 전이하게 한다.

누군가가 태어난다는 반복되는 일 속에서도 태어나는 새로운 생명마다 대체할 수 없는 고유의 의미를 지닌다. 새로운 삶의 가능성을 열어주는 용서의 행위도 마찬가지다. 용서는 인간의 역사에서 무수히 반복되는 행위지만, 동시에 용서의 사건 하나하나는 무엇으로도 대체할 수 없는 고유한 의미를 담고 있다. 반복되는 듯해도 매번 다른 의미로 작동되고 다른 과정을 거쳐야 하는 용서는 이러한 의미에서 볼 때 '반복 불가능한 사건'이기도 하다. 흔히 용서를 생각할 때는 사랑, 친절 등 편안한 이미지를 떠올리기 쉽다. 그러나 사실상 용서는 한 존재 속에서 일어나는 폭풍 같은 사건으로 다양한 풍파와 혼란 속에서 진행된다. '사랑'이나 '친절함' 같은 차분한 행위가 아니라는 말이다. 잘못된 행위를 한 사람에 대한 분노, 그 행위가 준 상처, 그리고 그러한 일련의 과정에서 겪는 다양한 갈등 가운데 용서를 생각하고 실천한다는 것은, 폭풍우처럼 근원을 흔드는 커다란 충격적인 사건으로 일상적 틀을 깨고 다가온다. 이런 의미에서 볼 때 오히려 용서의 복합적 모습을 드러내지 않는 낭만화된 용서는 매우 위험하다.

반드시 기억해야 할 점이 있다. 용서에 대한 여러 가지 개념적 이해를 하게 되었다고 해서 자동적으로 용서가 가능해지는 것은 아니라는 점이다. 다시 말해 용서에 대한 다양한 이해가 구체적 삶에서 자동적으로 용서의 실천으로 연결되지는 않는다. 사랑에 대한 다양한 이론을 이해하게 되었다고 해서, 자동적으로 사랑을 실천할 수는 없는 것과 같다. 그러나 사랑이나 우정 등 여타 인간에게 중요한 가치와 마찬가지로 용서를 다양한 측면에서 조명하는 것은, 용서의 의미를 포괄적으로 보면서 이해의 폭을 넓히고 중요성을 새롭게 인식하는 과정으로서 중요한 의미가 있다. 용서하는 사람이 결심한다고 해서 단번에 용서가 이루어지는 것은 아니다. 또한 한번 용서를 했다고 해서 기계적으로 반복해서 용서하는 '용서의 기술'이 생기는 것도 아니다. 그럼에도 인간은 끊임없이 용서를 연습해야 한다. 실패하기도 하고 때론 성공하기도 하겠지만, 용서의 연습은 개인적으로 그리고 사회적으로도 참으로 중요하다. 유한한 삶에서 내가 타자의 잘못을 용서하지도, 타자가 나의 잘못을 용서하지도 않는다면, 인간의 삶은 과거에 만들어진 잘못의 감옥에 갇히고 인간은 숨 막히는 세계에서 살아가게 될 것이다.

용서에는 완결점이 없다. 진정한 사랑에 완결점이 없는 것과 마찬가지다. 진정한 용서란 한 발자국씩 발걸음을 떼어놓는 여정이다. 모든 인간이 불완전하고 유한한 존재라는 사실은, 우리가 지향하고 실천하려는 가치들을 '완전히' 또는 '온전히' 실천할 수 없다는 것을 의미한다. 하지만 정의·사랑·평화·평등·연대·우정, 그리고 용서 같은 인류 보편 가치의 완전한 실현은 언제건 다가올 일이다. 달력에 있는 직선적 시간의 의미에서 미래에 실현된다는 것이 아니라, 그 실현성이란 면에서 결코 인간이 다가갈 수 없다는 의미다. 그러기에 용서는 언제나 용서의 여정으로 이해해야 한다. 여정으로서의 용서는 끊임없이 더욱 완전한 용서, 더욱 무조건성에 가까운 용서를 생각하고 그것을 향해서 나아갈 것을 상기시킨다. 유한하고 불완전한 인간으로서, 우리는 스스로와 주변 사람들을 포용하고 용서하는 발걸음을 한 걸음씩 떼어 앞으로 나아갈 수 있어야 한다. 그것이 용서가 언제나 여정인 이유이며, 그 여정 속에서 우리는 조금씩 용서의 실천을 확장할 수 있을 것이다.

1 Michel Foucault, "Intellectuals and Power: A Conversation between Michel Foucault and Gilles Deleuze," in *Language, Counter-Memory, Practice: Selected Essays and Interviews* (Ithaca, NY: Cornell University Press, 1980), 205~206.

2 Jacques Derrida, On Forgiveness, in *On Cosmopolitanism and Forgiveness*, trans. Mark Dooley and Michael Hughes (London and New York: Routledge, 2001), 32~33.

3 "용서하겠다던 '크림빵 뺑소니' 아버지 다시 분노한 이유,"《한겨레》, 2015년 1월 30일 (http://www.hani.co.kr/arti/society/society_general/676078.html)

4 흥미롭게도 이 사건에 대한 다양한 보도에서 이 사건의 희생자와 가장 가까운 사람일 수 있는 부인이나 어머니의 반응을 직접적으로 다룬 이야기는 찾아보기 힘들다. 다만 희생자의 아버지만이 용서할 '자격'을 행사하는 '용서의 주체'로 등장한다. 한국 사회가 여전히 가부장적이고 남성 중심적인 사회임이 드러나는 지점이다. 용서의 자격이 가부장인 아버지에게 주어지는가 하는 물음을 제쳐놓아도 의문점은 남는다. 피해자의 아내나 어머니에게 그들도 가해자를 용서하겠다는 아버지와 동일한지, 또는 다르게 생각하는지 물어야 한다. 즉 용서의 자격이 누구에게 주어지고, 그 자격에서 배제되는 사람은 누구이며, 그 근거가 무엇

인지 살펴보아야 한다.

5 Glen Pettigrove, *Forgiveness and Love* (Oxford: Oxford University Press, 2012), xiii.

6 Everett L. Worthington. Jr., ed. *Handbook of Forgiveness* (New York: Routledge, 2005).

7 Jean-Luc Nancy, *Being Singular Plural* (Stanford: Stanford University Press, 2000), 4, 35 참조.

8 Jacques Derrida, "Avowing – The Impossible 'Returns'," Repentance, and Reconciliation," in *Living Together: Jacques Derrida's Communities of Violence and Peace*, ed. Elisabeth Weber (New York: Fordham University Press, 2013), 19~20.

9 〈누가복음〉 23장 34절.

10 이 설교의 원제목은 "Upon Resentment and Forgiveness of Injuries"이며 동일한 제목의 설교가 8번과 9번 설교에 나온다. 조셉 버틀러가 한 설교 15편은 다음 링크에서 볼 수 있다. http://anglicanhistory.org/butler/rolls/

11 St. Augustine, *Opera Omnia*, ed. J. P. Migne, 16 vols. (Paris: Bibliothecae Clen Universae, 1865), letter 211, par. 11. 본문은 "cum dilectione hominum et odio vitiorum"이며, 이 구절은 "due love for the persons and hatred of the sin"이라고 번역되곤 한다. 그런데 여기서 '죄(sin)'는 '악(vice)'으로 번역하는 것이 더 적절하게 보인다. Cf. Charles Griswold, *Forgiveness: A Philosophical Exploration* (Cambridge: Cambridge University Press, 2007) 54.

12 Arendt, Hannah. "Irreversibility and the Power to Forgive", in *The Human Condition*, second edition (Chicago: The University of Chicago Press, 1998), 237.

13 Jacques Derrida, "On Forgiveness: A Roundtable Discussion with Jacques Derrida," moderated by Richard Kearney. In *Questioning God*, ed. John Caputo, Mark Dooley, and Michael J. Scanlon (Bloomington: Indiana University Press, 2001), 60.

14 〈로마서〉 3장 10절, 23절과 〈전도서〉 7장 20절.

15 Lin Bauer and et al. "Exploring Self-Forgiveness". *Journal of Religion and Health*. 31.2 (Summer, 1992): 154.

16 Lin Bauer and et al., "Exploring Self-Forgiveness": 155.

17 Lin Bauer and et al., "Exploring Self-Forgiveness": 156.

18 Lin Bauer and et al., "Exploring Self-Forgiveness": 157.

19 진실화해위원회의 활동에 대한 자세한 내용은 주한남아공대사관(South African Embassy Seoul) 홈페이지를 참고할 것. http://southafrica-embassy.or.kr/kr/aboutsa/overview_5_2.php. 2016년 6월 25일 접속.

20 Eugene de Kock, *A Long Night's Damage : Working for the Apartheid State* (Contra Press, 1998)

21 Charles L. Griswold, *Forgiveness : A Philosophical Exploration*, 136.

22 Desmond Tutu, *No Future Without Forgiveness* (New York: An Image Book, 2000). 이 책은 한국어로도 번역되어 있다. 데스몬드 투투 지음, 《용서 없이 미래 없다》, 홍종락 옮김 (서울: 홍성사, 2009).

23 투투, 《용서 없이 미래 없다》, 41.

24 투투, 《용서 없이 미래 없다》, 42.

25 "Ich ben du, wenn ich ich bin"은 Paul Celan의 "Lob der Ferne"라는 제목의 시에 나온다. https://lise555.wordpress.com/2009/02/10/lob-der-ferne-paul-celan/

26 이 두 개념에 대한 자세한 논의는 다음을 참고하라. Jerry Goodstein and Karl Aquino, "And Restorative Justice for All: Redemption, Forgiveness, and Reintegration in Organizations", *Journal of Organizational Behavior*, vol. 31, no. 4 (May 2010): 624~628 ; Michael Wenzel, and et al., "Retributive and Restorative Justice," *Law and Human Behavior*, vol. 32. No. 5 (Oct. 2008): 375~389.

27 Molly Andrew, "The Politics of Forgiveness," *International Journal of Politics, Culture, and Society*, vol. 13, no. 1 (Fall, 1999): 109.

28 Amanecida Collective, *Revolutionary Forgiveness: Feminist Reflections on Nicaragua* (Maryknoll, NY: Orbis Books, 1987), 82~83.

29 Alex Boraine, Janet Levy, and Ronel Scheffer, eds. *Dealing with the Past: Truth and Reconciliation in South Africa* (Cape Town: Institute for Democracy in South Africa, 1994), 12.

30 Priscilla Hayner, "Fifteen Truth Comissions; 1974~1994: A Comparative Study," in *Transitional Justice: How Emerging Democracies Rechon with Former Regimes Vol. I General Considerations*, ed. Neil Kritz (Washington, D. C: United States Institute of Peace Press, 1995), 225~226.

31 Donald Shriver, *An Ethic for Enemies: Forgiveness in Politics* (Oxford: Oxford University Press, 1995), 2.

32 양진하, "전 총리로서, 일본인으로서, 인간으로서… 사죄합니다,"《한국일보》, 2015, 8월 12일자. http://www.hankookilbo.com/v/2b691d62934041aeb3ef81357e4a4e 97. 2016년 5월 25일 접속.

33 Griswold, *Forgiveness*, xix.

34 Friedrich Nietzsche, *Thus Spoke Zarathustra*, Part II, "On Revenge", in *The Portable Nietzsche*, Walter Kaugman, trans. (New York: Penguine, 1976), 252.

35 Griswold, *Forgiveness*, xx.

36 Vladimir Jankélévitch, "Should We Pardon Them?", *Critical Inquiry*, 22.3 (Spring 1996): 552, 567.

37 Arendt, "Irreversibility and the Power to Forgive," in *The Human Condition*, 237.

38 Thomas Brudholm and Valerie Rosoux, "The Unforgiving: Reflections on the Resistance to Forgiveness after Atrocity", *Law and Contemporary Problems*. 72. 2 (Spring, 2009): 42.

39 Brudholm and Rosoux, "The Unforgiving": 35.

40 Derrida, "On Forgiveness", in *On Cosmopolitanism and Forgiveness*, 29.

41 Jean-Luc Nancy, *Dis-Enclosure: The Deconstruction of Christianity*, Perspective in Continental Philosophy (New York: Fordham University Press, 2008), 29.

42 〈누가복음〉 23장 24절.

43 〈마태복음〉 6장 12절과 〈누가복음〉 11장 4절.

44 〈창세기〉 3장 7절.

45 〈전도서〉 28장 2절.

46 Anthony C. J. Phillips, "Forgiveness Reconsidered," *Christian Jewish Relations*. 19. 1 (1986): 15.

47 Glen Pettigrove, "Forgiveness without God?" *Journal of Religious Ethics*, 40.3 (2012): 519.

48 Pettigrove, "Forgiveness without God": 518~544.

49 Hannah Arendt, "Irreversibility and the Power to Forgive," in *The Human Condition*, 238.

50 〈마가복음〉 2장 23~24절.

51 〈마가복음〉 3장 4절.

52 〈마가복음〉 2장 27절.

53 〈누가복음〉 5장 20절.

54 〈누가복음〉 7장 48절.

55 〈마태복음〉 18장 35절.

56 〈마태복음〉 22장 39~40절.

57 〈마태복음〉 5장 44절.

58 〈누가복음〉 17장 3~4절.

59 〈누가복음〉 23장 34절.

60 〈누가복음〉 15장 11~24절.

61 〈요한복음〉 3장 3절.

62 〈마태복음〉 18장 21~22절.

63 〈마태복음〉 5장 46절.

64 Saint Augustine, Letter 211, par. 11.

65 Vladimir Jankélévitch, "Should We Pardon Them?" *Critical Inquiry,* 22.3 (Spring 1996): 567.

66 Mary-Jane Rubenstein, "Of Ghosts and Angels: Derrida, Kushner, and the Impossibility of Forgiveness," *Journal for Cultural and Religious Theory,* 9.1 (Winter 2008): 79.

67 Derrida, "On Forgiveness," in *On Cosmopolitanism and Forgiveness,* 30-1, 40, 47; 그리고 "To Forgive: The Unforgivable and the Imprescriptible", in *Questioning God,* ed. John Caputo, Mark Dooley, and Michael J. Scanlon (Bloomington: Indiana University Press, 2001), 25, 34.

68 Derrida, *On Cosmopolitanism and Forgiveness,* 58.

69 Derrida, "On Forgiveness: A Roundtable Discussion with Jacques Derrida", 53.

70 〈마태복음〉 6장 3~4절.

71 Derrida, "On Forgiveness: A Roundtable Discussion with Jacques Derrida," 59.

Aaron Looney. *Vladimir Jankélévitch : The Time of Forgiveness*. New York : Fordham Univ. Press, 2015.

Allais, Lucy. "Wiping the Slate Clean : The Heart of Forgiveness". *Philosophy and Public Affairs*. 36. 1(2008): 33~68.

Allers, Christopher R. "Undoing What Has Been Done : Arendt and Levinas on Forgiveness." In *Forgiveness in Perspective*. Ed. Christopher R. Allers and Marieke Smit. Amsterdam & New York : Rodopi, 2010.

Allers, Christopher R. and Marieke Smit, eds. *Forgiveness in Perspective*. Amsterdam & New York : Rodopi, 2010.

Amanecida Collective. *Revolutionary Forgiveness : Feminist Reflections on Nicaragua*. Maryknoll, NY : Orbis Books, 1987.

Andrews, Molly. "The Politics of Forgiveness". *International Journal of Politics, Culture, and Society*. Vol. 13 No. 1 (Fall, 1999) : 107~124.

Arendt, Hannah. "Irreversibility and the Power to Forgive". In *The Human Condition*, 236~243. Second Edition. Chicago: The University of Chicago Press, 1998.

Badiou, Alain. "The Subject Supposed to Be a Christian : On Paul Ricoeur's Memory, History, Forgetting." *The Bible and Critical Theory*. Vol. 2. No. 3 (2006) :

27.1~27.9.

Bash, Anthony. *Forgiveness and Christian Ethics*. Cambridge, UK: Cambridge University Press, 2007.

Bauer, Lin, and et al. "Exploring Self-Forgiveness." *Journal of Religion and Health*. 31.2 (Summer,1992): 149~160.

Bazemore, Gordon, and Mara Schiff, eds. *Restorative Community Justice: Repairing Harm and Transforming Community*, Cincinnati: Anderson Press, 2001.

Bell, Macalester. "Forgiving Someone for Who They Are (and Not Just What They've Done)." *Philosophy and Phenomenological Research*. 77. 3 (2008): 625~658.

Biggar, Nigel. "Forgiving Enemies in Ireland." *Journal of Religious Ethics*. 36. 4 (2008): 559~579.

Bluestein, Jeffrey M. *Forgiveness and Remembrance: Remembering Wrongdoing in Personal and Public Life*. New York: Oxford University Press, 2014.

_____. "Forgiveness, Commemoration, and Restorative Justice: The Role of Moral Emotions," Metaphilosophy, 41. 4 (2010): 582~617.

Boleyn-Fitzgerald, Patrick. "What Should 'Forgiveness' Mean?" *Journal of Value Inquiry*. 36 (2002): 483~498.

Brooks, Roy L. *Atonement and Forgiveness: A New Model for Black Reparations*, Berkeley: University of California Press, 2004.

Boraine, Alex, Janet Levy and Ronel Scheffer, eds. *Dealing with the Past: Truth and Reconciliation in South Africa*. Cape Town: Institute for Democracy in South Africa, 1994.

Brudholm, Thomas and Valerie Rosoux. "The Unforgiving: Reflections on the Resistance to Forgiveness after Atrocity." *Law and Contemporary Problems*. 72. 2 (Spring, 2009): 33~49.

Butler, Joseph. *The Works of Joseph Butler*. Vol. 2. Fifteen Sermons (1726). Ed. W. E.

Gladstone. Oxford: Clarendon Press, 1897.

Caputo, John, Mark Dooley, and Michael J. Scanlon, eds. *Questioning God*. Bloomington: Indiana University Press, 2001.

Cole, Elizabeth A. "Apology, Forgiveness, and Moral Repair." *Ethics and International Affairs*, 22. 4 (2008): 421~428.

Derrida, Jacques. *On Cosmopolitanism and Forgiveness*. Trans. Mark Dooley and Michael Hughes. London and New York: Routledge, 2001.

_____. "To Forgive: The Unforgivable and the Imprescriptible". In *Questioning God*. Ed. John Caputo, Mark Dooley, and Michael J. Scanlon, 21~51. Bloomington: Indiana University Press, 2001.

_____. "On Forgiveness: A Roundtable Discussion with Jacques Derrida." Moderated by Richard Kearney. In *Questioning God*, ed. John Caputo, Mark Dooley, and Michael J. Scanlon, 21~51. Bloomington: Indiana University Press, 2001.

Digeser, P. E.. "Forgiveness, the Unforgivable, and International Relations." *International Relations*. 18 (2004): 480~497.

_____. *Political Forgiveness*, Ithaca: Cornell University Press, 2001.

Downie, R. S. "Forgiveness." *The Philosophical Quarterly*. 15 (1965): 128~134.

Enright, Robert D. and Joanna North, eds. *Exploring Forgiveness*, Madison: University of Wisconsin Press, 1998.

Exline, Julie, et al. "Forgiveness and Justice: A Research Agenda for Social and Personality Psychology." *Personality and Social Psychology Review*. 7 (2003): 337~348.

French, Peter A., et al. "Forgiveness and Resentment." *Midwest Studies in Philosophy*. 7 (1982): 503~516.

Fricke, Christel, ed. *The Ethics of Forgiveness: A Collection of Essays*. New York:

Routledge, 2011.

Garcia, Ernesto V. "Bishop on Forgiveness and Resentment." *Philosopher's Imprint*. 11. 10 (August 2011): 1~19.

Garrard, Eve, and David McNaughton. "In Defence of Unconditional Forgiveness." *Proceedings of the Aristotleian Society*. 103. 1(2004): 39~60.

Goodstein, Jerry and Karl Aquino. "And Restorative Justice for All: Redemption, Forgiveness, and Reintegration in Organizations." *Journal of Organizational Behavior*. Vol. 31. No. 4 (May 2010): 624~628.

Griswold, Charles. *Forgiveness: A Philosophical Exploration*. Cambridge: Cambridge University Press, 2007.

_____. "The Nature and Ethics of Vengeful Anger," *NOMOS* (Yearbook for the American Society for Political and Legal Philosophy). 53 (2011): 77~124.

Griswold, Charles and David Konstan, eds. *Ancient Forgiveness: Classical, Judaic, and Christian*. New York: Cambridge University Press, 2012.

Haber, Joram Graf. *Forgiveness*. Lanham, MD: Rowman and Littlefield, 1991.

Hayner, Priscilla. "Fifteen Truth Comissions; 1974~1994: A Comparative Study." In *Transitional Justice: How Emerging Democracies Rechon with Former Regimes Vol. I General Considerations*. Ed. Neil Kritz. Washington, D. C: United States Institute of Peace Press, 1995.

Hieronymi, Pamela. "Articulating an Uncompromising Forgiveness." *Philosophy and Phenomenological Research*. 62. 3 (2001): 529~555.

Holmgren, Margaret R. *Forgiveness and Retribution: Responding to Wrongdoing*. Cambridge: Cambridge University Press, 2012.

_____. "Self-Forgiveness and Responsible Moral Agency." *Journal of Value Inquiry*, 22 (1998): 75~91.

Hughes, Paul M. "What is Involved in Forgiving?" *Journal of Value Inquiry*. 27 (1993):

331~340.

_____. "On Forgiving Oneself: A Reply to Snow." *Journal of Value Inquiry*. 28 (1994): 557~560.

_____. "Moral Anger, Forgiving, and Condoning," *Journal of Social Philosophy*. 26.1 (1995): 103~118.

Jankélévitch, Vladimir. *Forgiveness*. 1967; Chicago: University of Chicago Press, 2005.

_____. "Should We Pardon Them?" *Critical Inquiry*. 22.3 (Spring 1996): 552~572.

Johansson, Ingvar. "A Little Treatise of Forgiveness and Human Nature." *The Monist.*92. 4 (2009): 537~556.

Johnson, Carla. "Seasoning Justice." *Ethics*. 99 (1989): 553~562.

Kant, Immanuel. *Lectures On Ethics*. Ed. Jerome B. Schneewind and Peter Heath. New York: Cambridge University Press, 2001.

Kearney, Richard. "Forgiveness at the Limit: Impossible or Possible?" *Proceedings of the American Catholic Philosophical Association*. 82 (2008): 85~97.

Kolnai, Aurel. "Forgiveness." *Proceedings of the Aristotelian Society*. 74 (1973~74): 91~106.

Konstan, David. *Before Forgiveness: The Origins of a Moral Idea*. Cambridge: Cambridge University Press, 2010.

La Caze, Marguerite. "At the Intersection: Kant, Derrida, and the Relation between Ethics and Politics." *Political Theory*. 35. 6 (Dec., 2007): 781~805.

Lang, Berel. "Reconciliation: Not Retribution, not Justice, Perhaps not even Forgiveness." *The Monist*. 92. 4 (2009): 604~620.

Lauritzen, Paul. "Forgiveness: Moral Prerogative or Religious Duty?" *Journal of Religious Ethics*. 15. 2 (1987): 141~154.

Levy, Daniel and Natan Sznaider. "Forgive and Not Forget: Reconciliation Between

Forgiveness and Resentment." In *Taking Wrongs Seriously: Apologies and Reconciliation.* Ed. Elazar Barkan and Alexander Karn. Palo Alto, CA: Stanford University Press, 2005.

Londey, David. "Can God Forgive Us Our Trespasses?" *Sophia.* 25. 1(1986): 4~10.

McCord Adams, Marilyn. "Forgiveness: A Christian Model." *Faith and Philosophy.* 8. 3 (1991): 277~304.

McCord Adams, Marilyn and Robert Merrihew Adams, eds. *The Problem of Evil.* Oxford: Oxford University Press, 1990.

McGary, Howard. "Forgiveness." *American Philosophical Quarterly.* 26. 4 (1989): 343~350.

Murphy, Jeffrie G. and Jean Hampton. *Forgiveness and Mercy.* Cambridge: Cambridge University Press, 1998.

_____. *Getting Even: Forgiveness and its Limits.* New York: Oxford University Press, 2003.

Nancy, Jean-Luc. *Dis-Enclosure: The Deconstruction of Christianity.* Perspective in Continental Philosophy. New York: Fordham University Press, 2008.

_____. *Being Singular Plural.* Stanford: Stanford University Press, 2000.

Pettigrove, Glen. *Forgiveness and Love.* Oxford: Oxford University Press, 2012.

_____. "Forgiveness without God?" *Journal of Religious Ethics.* 40.3 (2012): 518~544.

Phillips, Anthony C. J. "Forgiveness Reconsidered." *Christian Jewish Relations.* 19/1 (1986): 14~21

Rubenstein, Mary-Jane. "Of Ghosts and Angels: Derrida, Kushner, and the Impossibility of Forgiveness." *Journal for Cultural and Religious Theory.* 9.1 (Winter 2008): 79~95.

Shriver, Donald Jr. *An Ethic for Enemies: Forgiveness in Politics.* New York: Oxford

참고문헌

University Press, 1995.

Stokkom, B. A. M., Doorn, N., and Van Tongeren, P., eds. *Public Forgiveness in Post-Conflict Contexts*. Cambridge/Antwerp : Intersentia Publishing, 2012.

Szablowinski, Zenon. Self-Forgiveness and Forgiveness. *Heythrop Journal*. 53. 4 (2011): 678~689.

Szigeti, Andras. "Focusing Forgiveness, Journal of Value Inquiry", 48. 2 (2014): 217~234.

Tombs, David. "The Offer of Forgiveness," Journal of Religious Ethics, 36. 4 (2008): 587~593.

Tutu, Desmond. *No Future without Forgiveness*. New York : Doubleday, 1999.
한글 번역본: 투투, 데스몬드.《용서 없이 미래 없다》. 홍종락 옮김. 서울 : 홍성사, 2009.

Udoff, Alan, ed. *Vladimir Jankélévitch and the Question of Forgiveness*. Lexington Books, 2013.

Voiss, James K. *Rethinking Christian Forgiveness : Theological, Philosophical, and Psychological Explorations*. Collegeville, MN : Liturgical Press, 2015.

Walker, Margaret Urban. *Moral Repair : Moral Relations After Wrongdoing*. New York : Cambridge University Press, 2006.

Warmke, Brandon. "Two Arguments Against the Punishment-Forbearance Account of Forgiveness." *Philosophical Studies*. 165. 3 (2013): 915~920.

_____. "Is Forgiveness the Deliberate Refusal to Punish?" *Journal of Moral Philosophy*. 8. 4 (2011) : 613~620.

Weigel, Sigrid and Mark Kyburz. "Secularization and Sacralization, Normalization and Rupture : Kristeva and Arendt on Forgiveness." *PMLA*. Vol. 117. No. 2 (March, 2002): 320~323.

Wenzel, Michael and et al. "Retributive and Restorative Justice." *Law and Human*

Behavior. Vol. 32. No. 5 (Oct. 2008): 375~389.

Westlund, Andrea C. "Anger, Faith, and Forgiveness." *The Monist.* 92.4 (2009): 507~537.

Worthington, Everett L. Jr, ed. *Handbook of Forgiveness.* New York: Routledge, 2005.

Zaibert, Leo. "On Forgiveness and the Deliberate Refusal to Punish: Reiterating the Differences." *Journal of Moral Philosophy.* 9 (2012): 103~113.

_____. "The Paradox of Forgiveness." *Journal of Moral Philosophy.* 6 (2009): 365~393.

_____. "Forgiveness: An Introduction." *The Monist.* 92. 4 (2009): 481~488.

참고문헌